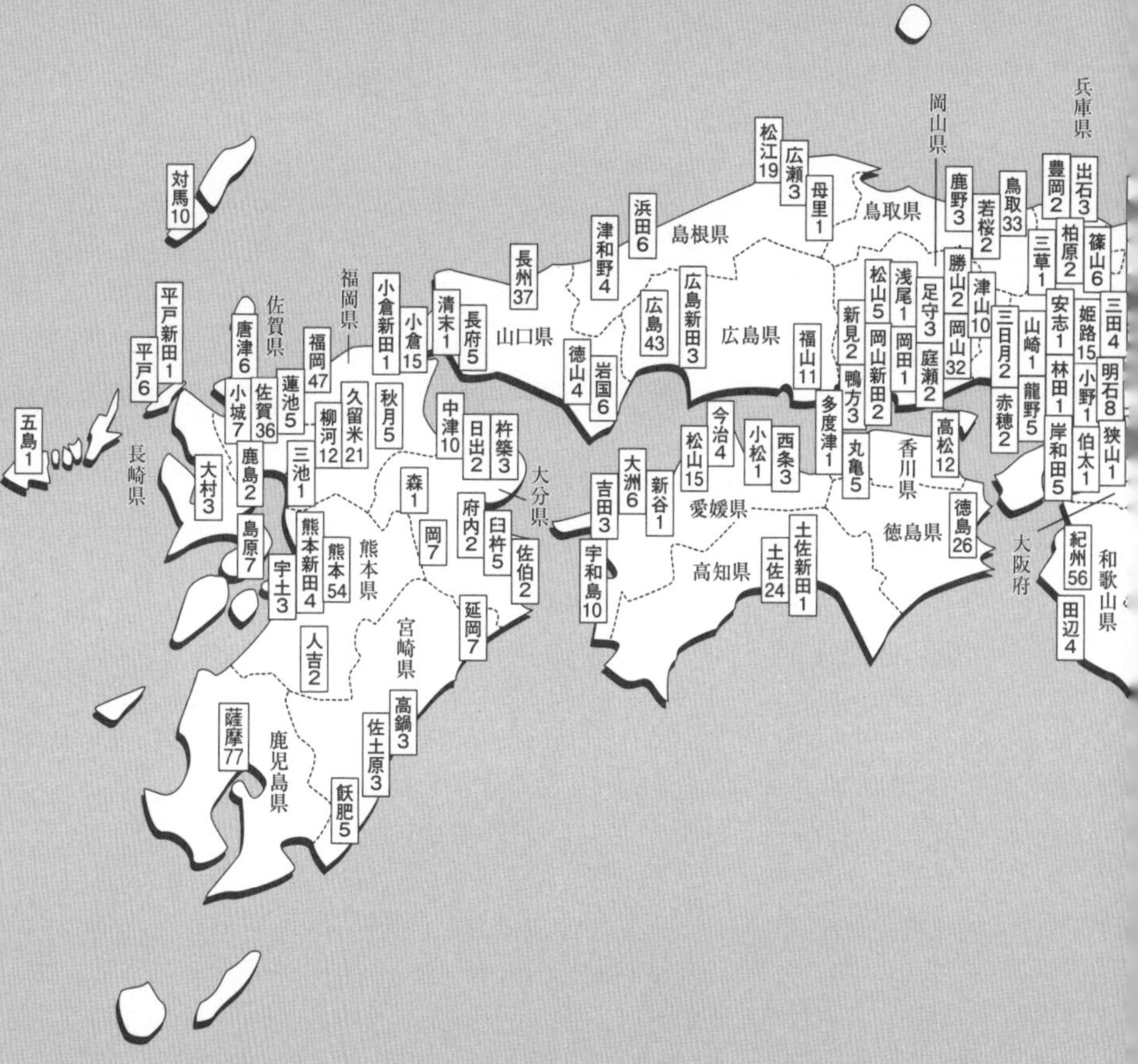

対馬10
平戸新田1
平戸6
五島1
長崎県
佐賀県
唐津6
小城7
佐賀36
蓮池5
鹿島2
大村3
島原7
宇土3
福岡県
福岡47
柳河12
久留米21
三池1
小倉新田1
小倉15
秋月5
熊本新田4
熊本54
熊本県
人吉2
中津10
日出2
杵築3
森1
岡7
府内2
臼杵5
佐伯2
大分県
延岡7
宮崎県
高鍋3
佐土原3
飫肥5
薩摩77
鹿児島県
清末1
長府5
山口県
長州37
徳山4
岩国6
津和野4
浜田6
島根県
松江19
広瀬3
母里1
広島43
広島新田3
広島県
福山11
鳥取県
吉田3
宇和島10
大洲6
新谷1
松山15
今治4
小松1
西条3
愛媛県
土佐24
土佐新田1
高知県
多度津1
丸亀5
香川県
高松12
徳島26
徳島県
岡山県
新見2
松山5
浅尾1
足守3
鴨方3
岡山新田2
岡田1
庭瀬2
鹿野3
勝山2
岡山32
若桜2
鳥取33
津山10
三日月2
赤穂2
山崎1
龍野5
三草1
安志1
林田1
姫路15
小野1
岸和田5
伯太1
狭山1
豊岡2
出石3
柏原2
篠山6
三田4
明石8
兵庫県
大阪府
紀州56
田辺4
和歌山県

シリーズ藩物語

一関藩

大島晃一……著

現代書館

プロローグ

一関藩物語

一関藩田村氏三万石は、仙台藩伊達氏六十二万石の領内に領地を分けて分家された外様支藩であった。江戸時代も半世紀以上進んでからの支藩の創設には、多分に政治的な、大藩ゆえのお家の事情があった。

いわゆる「伊達騒動」による副産物といってよいその出自は、藩の出発から解体までの一九〇年間、終始存立を規定する前提条件となっていた。その意味では、「伊達騒動」こそが近世大名として歴史に名を刻まれる原点であった。隠居させられた仙台藩主を継いだ二歳の幼君の後見人としての支藩大名昇格は、本藩仙台藩との「契約」による、本藩の宗主権を認めることが条件となった。その条件は、①領内高札掲示権の本藩移譲、②領内夫伝馬《ぶてんま》・宿送《しゅくおくり》の本藩自由使用権、③本藩への大鷹進上義務、④将軍家への初鳥・初肴献上

藩という公国

江戸時代、日本には千に近い独立公国があった

江戸時代。徳川将軍家の下に、全国に三百諸侯《しょこう》★の大名家があった。ほかに寺領や社領、知行所《ちぎょうしょ》★をもつ旗本領《はたもとりょう》などを加えると数え切れないほどの独立公国があった。そのうち諸侯を何々家《け》家中《かちゅう》と称していた。家中は主君を中心に家臣が忠誠を誓い、強い連帯感で結びついていた。家臣の下には足軽《あしがる》層《そう》★がおり、全体の軍事力の維持と領民の統制をしていたのである。その家中を藩と後世の史家は呼んだ。

江戸時代に何々藩と公称することはまれで、明治以降の使用が多い。それは近代からみた江戸時代の大名の領域や支配機構を総称する歴史用語として使われた。その独立公国たる藩にはそれぞれ個性的な藩風《はんぷう》と自立した政治・経済・文化があった。幕藩体制とは歴史学者伊東多三郎《いとうたさぶろう》★氏の視点だが、まさに将軍家の諸侯の統制と各藩の地方分権が巧く組み合わされていた、連邦でもない奇妙な封建的国家体制であった。

今日に生き続ける藩意識

明治維新から百三十年以上経っているのに、今

の本藩優先権、⑤他国人返し権の本藩所有、⑥他国境目留物（他国輸出禁制品）輸出時の本藩認可、といった、いわゆる「六ケ条仕置」がことの始まりであった。代々の藩主はこの「契約」を座右に置いて、お家を維持し藩政を継承していったのであった。このような、支藩とりわけ内分分家大名（本家の領内に本家の高を分与してもらって分家独立した大名）であったこと自体に特異さがある。

そして、そのような成り立ちを持つ小藩ゆえに、藩政の行く先には終始困難がともなった。それは、どこにも増して厳しい財政状況であり、文化（十九世紀初め）の頃には、天和二年（一六八二）の一関入部以来、修繕もできなかった侍屋敷があばら屋のようにたち並び、参勤交代の旅費にもことかくありさまであった。家中は慢性的な重い加役（俸禄の上納＝カット）に耐え、領民は飢饉や日常の不安をかかえながら、それぞれの家や生活を維持していった。

藩のシステム、藩主の藩経営への姿勢、家中（家臣団）や領民の生活の具体像を通じて、戊辰戦争、明治維新に至る、北緯三九度に位置する東北外様小藩の姿を描いていこう。

でも日本人に藩意識があるのはなぜだろうか。明治四年（一八七一）七月、明治新政府は廃藩置県《はいはんちけん》★を断行した。県を置いて、支配機構を変革し、今までの藩意識を改めようとしたのである。ところが、今でも、「あの人は薩摩藩の出身だ」とか、「我らは会津藩の出身だ」と言う。それは侍出身だけでなく、藩領出身も指しており、藩意識が県民意識をうわまわっているところさえある。むしろ、今でも藩対抗の意識が地方の歴史文化を動かしている。そう考えると、江戸時代に育まれた藩民意識が現代人にどのような影響を与え続けているのかを考える必要があるだろう。それは地方に住む人々の運命共同体としての藩の理性が今でも生きている証拠ではないかと思う。

藩の理性は、藩風とか、藩是《はんぜ》とか、ひいては藩主の家風ともいうべき家訓などで表されていた。

（稲川明雄）

諸侯▼江戸時代の大名。
知行所▼江戸時代の旗本が知行として与えられた土地。
足軽層▼足軽・中間・小者など。
伊東多三郎▼近世藩政史研究家。東京大学史料編纂所所長。
廃藩置県▼藩体制を解体する明治政府の政治改革。廃藩により全国は三府三〇二県となった。同年末には統廃合により三府七二県となった。

シリーズ藩物語　一関藩

目次

第四章　藩政の動揺と改革への動き

凶作飢饉による藩政の疲弊、藩主が陣頭に立ち藩政改革を試みた。

第五章 明治維新と一関藩

奥羽越列藩同盟の一員として、仙台藩庄内藩と共に戦った。

大槻三賢人像

建部清庵銅像

厳美渓

一関市街

第一章　一関藩の成立

坂上田村麻呂に連なる田村家を再興し一関藩は立藩された。

① 仙台支藩一関藩の誕生

三春の戦国大名田村氏は伊達氏の内分分家支藩として近世大名の道を歩みはじめた。大名昇格の契機となった伊達騒動。そして、本家と分家の位置づけを決めた「契約」とは。一関への転封と城下の建設整備、現在の一関の原型ができあがった。

田村氏以前の一関

中世期の陸奥国磐井郡（岩手県南部）は、鎌倉幕府御家人で奥州総奉行の系譜を引く葛西《かさい》氏が約四百年にわたって支配した。葛西氏は、文治五年（一一八九）平泉藤原氏滅亡後奥州総奉行に任ぜられ、五郡二保（胆沢《いさわ》・江刺《えさし》・磐井《いわい》・気仙《けせん》・牡《お》鹿《じか》の五郡と平泉《ひらいずみ》・黄海《きのみ》の二保）を領した。鎌倉後期には、武蔵国葛飾郡西部から奥州に移り土着したと考えられている。当初は平泉を本拠としたが、南北朝期に石巻に移り、さらに明徳年間（十四世紀末）以降登米《とめ》郡寺池（宮城県登米市）に移っている。所領も葛西五郡から宮城県北部を含む葛西八郡へと拡大した。四百年の間、岩手県南・宮城県北の北上川流域一帯を支配した。しかし、天正十八年（一五九〇）の豊臣秀吉による奥羽仕置《おうしおき》によって一瞬のうちに滅亡し、その所領は伊達政宗《だてまさむね》の領地となった。

葛西氏大馬印（復元）

葛西氏小馬印（復元）

一関は、慶長九年(一六〇四)から元和二年(一六一六)までは伊達氏重臣の留守政《るすまさ》景《かげ》・宗利《むねとし》父子の領地となり、仙台藩蔵入地《くらいりち》★をへて、寛永十八年(一六四一)には政宗の十男伊達兵部少輔《ひょうぶのしょうゆう》宗勝《むねかつ》の領地となった。その後宗勝は、万治三年(一六六〇)に三万石に加増されて、伊達氏の内分分家大名として藩領を形成した。

兵部大輔《ひょうぶのたいふ》となった宗勝の一関藩は、北限が平泉の北を流れる衣川《ころもがわ》、南限が磐井郡流《ながれ》(一関市花泉町と同市弥栄《やさかえ》)の北半分、東が北上川、西が奥羽山脈であった。後述の田村氏一関藩と比較し、北は胆沢郡南衣川村(奥州市衣川区)、磐井郡西岩井の戸河内《へかない》村・中尊寺村・達谷《たっこく》村・平泉村(以上平泉町)、猪岡村・五串《いつくし》村・赤荻《あこおぎ》村・山目《やまのめ》村・中里村(以上一関市)が入っていた。南の磐井郡流の金森村・上油田村・下油田村(以上一関市花泉町)と、北上川東岸の磐井郡東山(旧東磐井郡)は除外される。同じ三万石でも領域が異なっていた。

宗勝は名取郡岩沼の田村宗良《むねよし》とともに仙台藩四代藩主伊達亀千代(綱村)の後見となったが、この後見政治が藩を二分する政争である「伊達騒動(寛文事件)」(後述)へと発展した。寛文十一年(一六七一)幕府によって、宗勝は事件の責任を問われて土佐へ配流され、この地は再び仙台藩の蔵入地となった。

▼**蔵入地**　直轄地。

中尊寺本堂表門
(伊達宗勝の屋敷の門であったが、万治二年(一六五九)に寄進移築された)

三春の戦国大名から伊達氏の分家大名へ

あらたに一関の藩主となる田村氏は、南北朝期に熊野新宮の荘園であった陸奥国田村荘（福島県田村郡）の荘司《しょうじ》★として南朝勢力の一翼を担ったとされ、藤原姓を称し、田村郡の守山（福島県郡山市田村町）を本拠としていた。そして、永正元年（一五〇四）に三春（福島県田村郡）に移り、この三春田村氏は平姓を称していたといわれる。戦国時代には三春を拠点に勢力を伸ばしたが、伊達氏（米沢）・葦名《あしな》氏（会津郡黒川＝会津若松）・相馬氏（相馬郡小高）などの南奥羽の戦国大名との抗争のなかで、田村清顕《きよあき》は娘愛姫《めごひめ》（陽徳院）を伊達政宗の正室に配し、伊達氏と連携して諸勢力に対抗した。清顕の没後、政宗は、清顕後室の兄相馬義胤《よしたね》と田村家をめぐって争い、田村家中も伊達派と相馬派に分裂して抗争したが、やがて伊達氏に帰属した。

天正十八年（一五九〇）の奥羽仕置の際に、秀吉は政宗が支配した葦名氏の旧領などを没収したが、政宗は秀吉に請うて、田村郡が舅の清顕の遺領であることを名目に自己の領地に編入することに成功した。この時点で田村氏は改易《かいえき》★となってしまった。田村氏を継承した清顕の甥宗顕《むねあき》は、この政宗の行動に反発し、会津の新領主となった蒲生氏郷《がもううじさと》を頼って、秀吉に上訴を企てその旅中に病死した。ここ

紺糸威胴丸具足
（三代藩主田村村顕の具足で、旧一関藩士であった明治の外交官高平小五郎が拝領した）

▼荘司
領主によって任命された荘園の現地管理人。

▼改易
領地を没収し身分も取り上げること。

に田村氏の家系は断絶した。

そして、六十三年後の承応二年（一六五三）、政宗の孫宗良（仙台藩二代藩主忠宗三男）が田村家の名跡を継承し、田村氏は再興されることとなった。宗良は先に伊達家重臣鈴木家を継いでおり、この間志田郡古川（宮城県大崎市）、桃生《ものう》郡深谷（宮城県東松島市）、栗原郡岩ケ崎（宮城県栗原市）と転封したが、鈴木家を出て田村氏を相続することとなった。

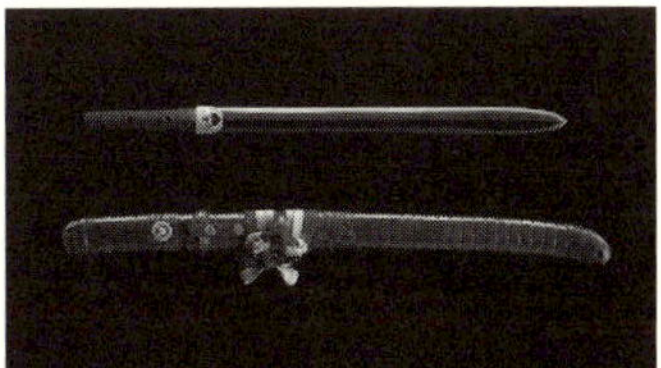

朱塗海老鞘合口拵並びに剣
（田村家の守刀として代々継承されてきた刀）

一関藩主田村氏系図

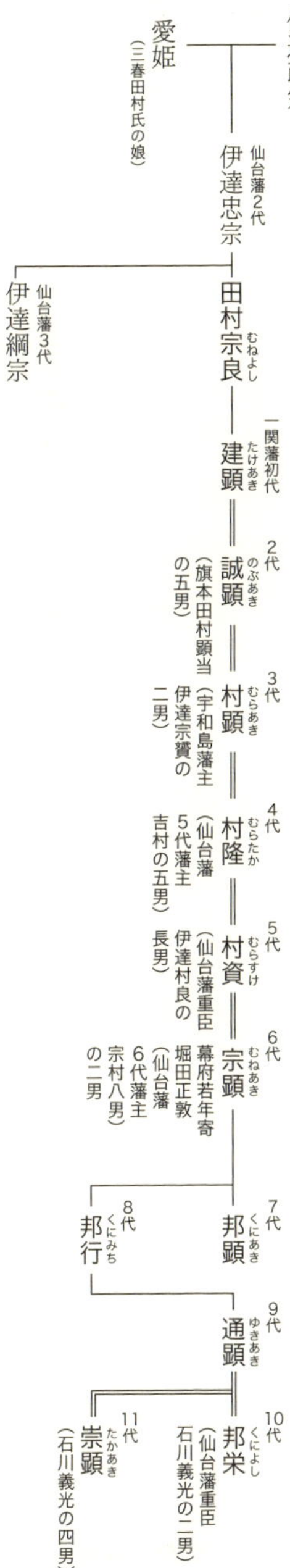

万治三年(一六六〇)には、田村宗良は叔父の伊達宗勝とともに仙台藩四代藩主伊達亀千代の後見となり、名取郡岩沼に転封され、名取・柴田両郡（宮城県）で三万石の内分分家大名となった。「伊達騒動」に際し、幕府から藩主後見としての責任を問われ閉門処分に付されたが、後に許され、子の建顕《たけあき》が岩沼から一関に転封されて一関藩主となった。以後、田村氏は明治維新に至るまで十一代にわたり藩主として君臨した。

愛姫(陽徳院)の遺言

田村家文書の中に「陽徳院様御夢想之書付《ようとくいんさまごむそうのかきつけ》」という一枚の書付がある。伊達政宗の正室愛姫（陽徳院）の書跡である。繊細な仮名文字で「いろよきはなのえたをこそみる（色良き花の枝をこぞみる)」と記されている。鮮やかな色をした花の枝振りをゆうべ夢にみた、というような意味である。包紙《つつみがみ》の上書きに、孫の田村宗良をその母が身ごもったときにみた夢である旨が記されている。

愛姫は三春（福島県田村郡）の戦国大名田村清顕の娘であった。田村氏は政宗の傘下に入った後に後継が絶えた。生家が断絶したことをなげいた愛姫は、夫政宗や息子の仙台藩二代藩主忠宗に田村家の存続を懇請した。愛姫は自身の孫である忠宗の三男宗良を田村家の後継に望んだ。宗良が身ごもられたときにみた夢が、

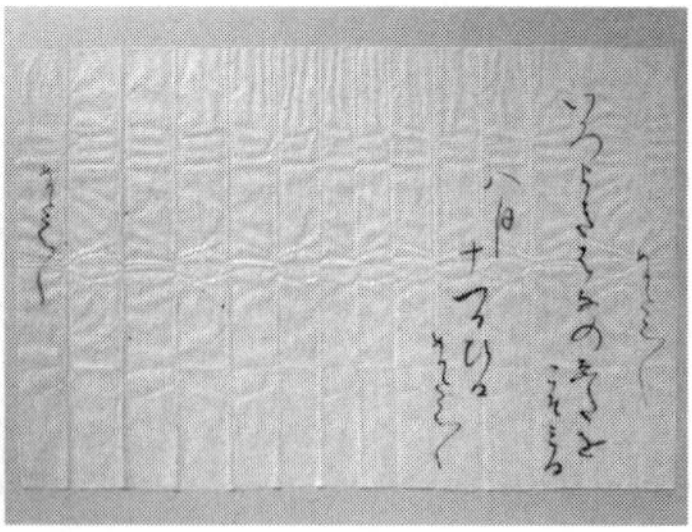
陽徳院様御夢想之書付

よほど強烈に心に残ったのであろう。愛姫は承応二年（一六五三）に八十六歳の天寿をまっとうして没したが、息子忠宗はその遺言を容れて、同年、宗良に田村家を継承させたのであった（「伊達治家記録」）。

愛姫は、弱小大名家の娘として、政略的に、奥羽の覇者になりつつあった政宗に嫁した。その一生は戦国の激動とともにあったが、ついに生き抜いて、自身の生家を近世大名家として再興し後世に残した。厳しい時代を、強烈な個性を持つ夫とともに駆け抜けた女性の芯の強さをかいまみるのである。

坂上田村麻呂の後裔

田村氏の先祖は、系図上、平安時代に征夷大将軍として蝦夷《えみし》征討に名をはせた坂上田村麻呂《さかのうえのたむらまろ》にさかのぼり、さらには朝鮮半島からの渡来人阿知使主《あちのおみ》に至る。

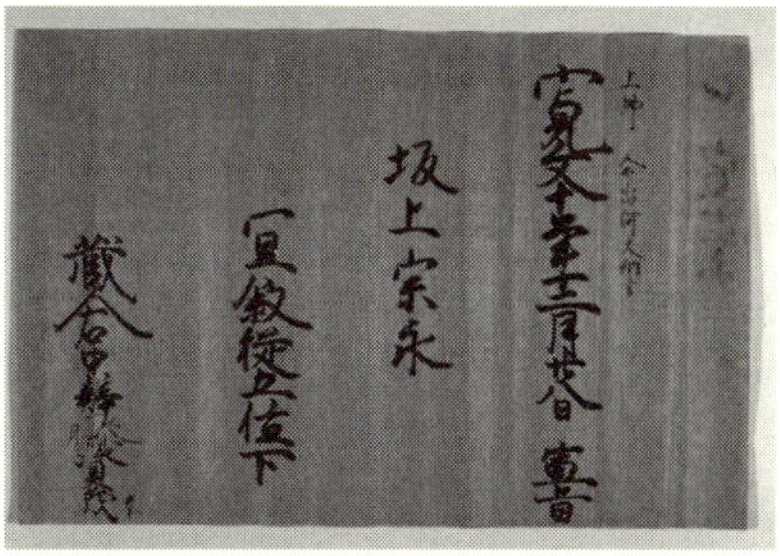

田村宗永（後、建顕）叙従五位下口宣案

坂上田村麻呂に連なる系図

後漢・霊帝―○―○―阿知使主―（九代略）―田村麻呂―（三代略）―古哲（田村を称す）―（十五代略）―輝定（正平十七年〈一三六二〉没 陸奥国安積郡福聚寺に葬る）―（七代略）―清顕―宗顕―宗良（仙台藩2代藩主伊達忠宗三男、田村家を相続する）

系図は、初代一関藩主田村建顕が、元禄八年（一六九五）に水戸藩の儒学者板垣宗憺と丸山活堂に依頼して整備したものである。近世田村氏は田村麻呂の後裔として坂上氏を称した。歴代の藩主は、田村麻呂をまつった近江国土山（滋賀県甲賀市土山町）の田村神社に毎年使者を派遣して初穂を奉納するとともに、二代誠顕《のぶあき》代の正徳三年（一七一三）より、神社別当神宮寺に対して毎年一〇両を寄進した（幕末に至り藩政改革で五両になる）。

田村家の家紋

戦国以前は不詳であるが、江戸時代の田村家は車前草《しゃぜんそう》紋を中心に多くの家紋を使用している。代表的な車前草紋は雑草のオオバコを意匠化したものである。一関転封以前の名取郡岩沼の宗良時代は、伊達家の分家ということもあって、伊達家家紋の竹雀《たけにすずめ》紋や丸三引《まるにみつひき》紋・九曜《くよう》紋などを使用している。一関に転封した次代の建顕代から、田村氏を意識し車前草紋を主体にしていった。車前草紋の由来について田村家に伝わる伝説がある。坂上田村麻呂が蝦夷の征討に向かうとき、見送った桓武《かんむ》天皇が、立て置いてあった田村麻呂の牛車《ぎっしゃ》の前にオオバコをみつけ、幸先がよいのでこの草を家紋とせよと命じたという。車前草紋には古形と新形があり、文政十一年（一八二八）からは古形を正式なものとしている。建顕の次々代

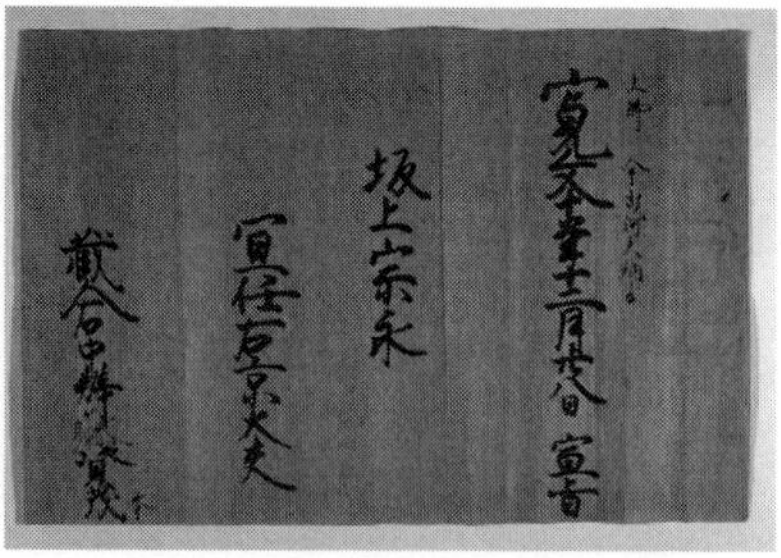
坂上宗永
宜任右京大夫

田村宗永任右京大夫口宣案

田村家の家紋

巻龍《かんりょう》

車前草（新形）

車前草《しゃぜんそう》（古形）

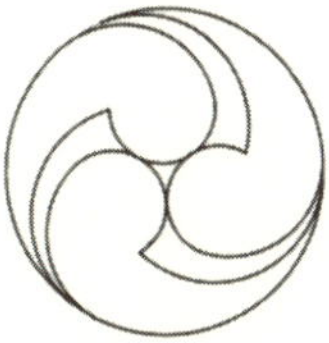
左巴

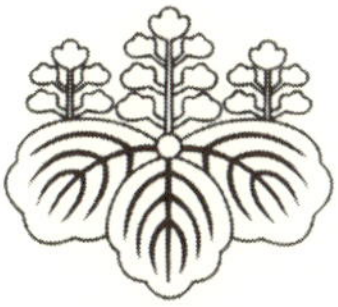
桐

菊

丸《まるに》車前草

剣梅鉢

蝶

沢瀉《おもだか》

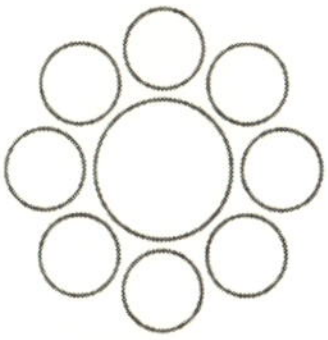
九曜《くよう》

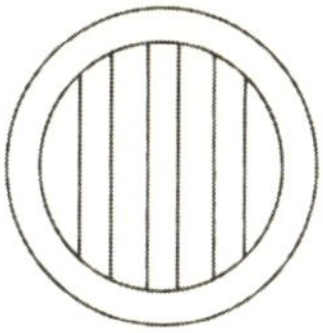
丸三引《まるにみつひき》

竹雀《たけにすずめ》

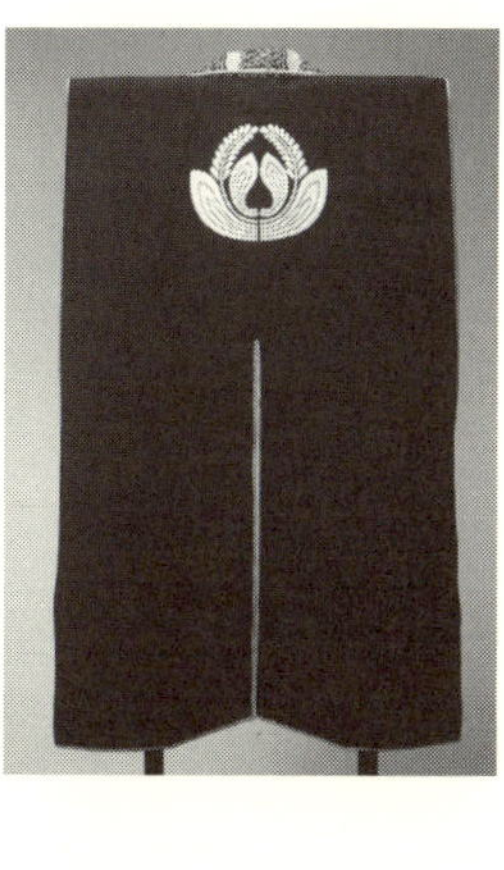
紫羅紗地車前草紋陣羽織

の三代藩主村顕《むらあき》は、享保十六年（一七三一）に仙台藩主伊達吉村《よしむら》と相談し、再び伊達家の紋もあわせて用いるように幕府に願い出て了承された。

田村家の家紋を大きくふたつに分けると、古来より用いた車前草・巻龍《かんりょう》・菊・桐・左巴《ひだりともえ》（左三巴《ひだりみつどもえ》）・蝶と、伊達家より譲りうけた竹雀・丸三引・九曜・沢《おも》瀉《だか》などである。

伊達騒動と田村氏

万治三年（一六六〇）、仙台藩三代藩主伊達綱宗《つなむね》は不行跡を理由に幕府から逼塞《ひっそく》★を命ぜられた。当時、仙台藩は江戸小石川堀の普請を命ぜられていたが、普請場よりたびたび妓楼通いを繰り返し巷の評判となっていた。老中首座の酒井雅楽頭忠《うたのかみただ》清《きよ》、水戸の徳川頼房《よりふさ》、親戚大名の立花飛騨守忠茂《ひだのかみただしげ》らの忠告や伊達家重臣たちの諫言も入れず、酒乱の癖もわざわいして、ついには逼塞となったというものである。「伊達騒動」の始まりであった。なお、一連の事件を包括して「寛文事件」ともいわれている。

綱宗は弱冠二十一歳、長男の亀千代が二歳で後継藩主となった。そして、伊達政宗の十男である伊達兵部大輔宗勝と二代藩主忠宗の三男田村右京亮《うきょうのすけ》宗良の二人が後見となり、幕府からは藩政の監察のため毎年二名の国目付《くにめつけ》が派遣され、い

▼逼塞
門を閉じ昼間の出入りを禁じる。夜間、潜戸から出入りすることは許された。

浮世絵先代萩（伊達騒動に題材をとった歌舞伎「伽羅《めいぼく》先代《せんだい》萩《はぎ》」の浮世絵）

わゆる後見政治が始まることとなった。宗勝と宗良は叔父・甥の関係で、宗勝は、元和七年(一六二一)生まれで当時四十歳、一関で三万石の内分分家大名として格付けられ、宗良は、寛永十四年(一六三七)生まれで当時二十四歳、宗勝と同様に、名取郡岩沼で三万石の内分分家大名として格付けられた。

以後、仙台藩内では政権をめぐる確執が表面化するようになる。まずは、家老(仙台藩では奉行《ぶぎょう》といった)の奥山大学常辰《つねとき》と茂庭周防《すおう》定元《さだもと》の対立であった。藩内には奥山派と茂庭派が形成されていた。また、宗勝と宗良の両後見の間にも確執があった。両者の年齢差や叔父・甥の関係、宗勝の才気煥発、強引な性格、宗良の温良な性格と病弱な体質等により、主導権は常に叔父の宗勝のもとにあったとされる。新任家老をめぐる人事の綱引きはそれらをよく物語っている。

寛文三年(一六六三)、奥山大学は専横を理由に奉行を罷免され、原田甲斐《かい》宗輔《むねすけ》と伊藤新左衛門重義が新任の家老となった。寛文六年(一六六六)以降は原田甲斐が奉行衆の中心となり、宗勝の専権体制を支えることになるが、その家老就任を推薦したのは宗良であり宗勝ではなかった。そこに、当時の仙台藩政をめぐる権力闘争下の錯綜した人間関係をみることができる。

宗勝は、藩政専断に対する家中からの批判に対しては、徹底して反対派の弾圧を行い家中の亀裂を深めていった。こうした政情は、ついに幕府を舞台とした大問題に発展してしまう。寛文十一年(一六七一)、伊達家一門の伊達安芸《あき》宗重《むねしげ》が、

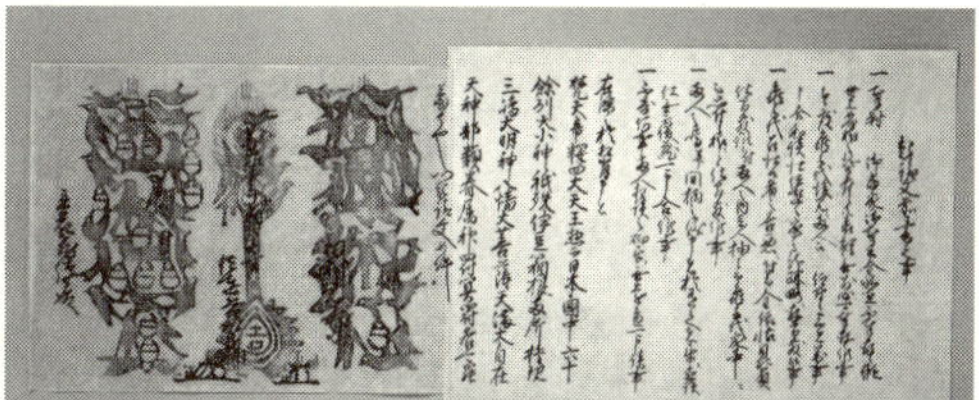
伊達兵部宗勝・田村右京宗良連署起請文
(後見となった宗勝と宗良が幼年の藩主への忠誠を誓った)

所領の境界問題の裁定の不満を契機に、宗勝派の不正・専断を幕府に上訴し受理されたのである。伊達安芸、家老の原田甲斐・柴田外記《げき》朝意《とももと》・古内志摩義如《よしゆき》の四人が老中宅に召喚され尋問を受けた。まず、老中板倉内膳正《ないぜんのかみ》重矩《しげのり》邸に一人ずつ喚問された。状況は、宗勝派を糾弾する安芸に柴田外記と古内志摩が同調し、原田甲斐一人が宗勝を擁護する立場であったとされる。次いで、酒井雅楽頭邸に前記四名の者が再喚問され、裁定が下ることとなった。安芸・外記・甲斐・志摩の順で一人ずつ二度尋問されるが、甲斐が二度目の尋問を終えて退出してきた直後に控えていた安芸に突然斬りかかった。安芸は即死、甲斐も居合わせた外記や仙台藩士蜂屋六左衛門、さらには駆けつけた酒井家の家臣に斬られ死亡した。混乱の中で、外記と蜂屋六左衛門も酒井家家臣に斬られ後に死亡した。

「伊達騒動」はこの原田甲斐の酒井邸刃傷事件によってクライマックスを迎えた。これにより、宗勝・甲斐一派がお家を傾ける「逆臣」として一掃された。宗勝は土佐の高知藩山内家にお預けとなり、高知城下郊外の小高坂村の配流先で、延宝七年(一六七九)、五十八歳で病没した。子の市正正興《いちのかみまさおき》は小倉藩へ、孫の千之助は伊予吉田藩へ、他の子女もそれぞれ他所へお預けとなり、配流先で没したことにより宗勝家は断絶した。一関の願成寺に宗勝の母保性院《ほうしょういん》と妻子の墓が、祥雲寺には保性院廟厨子がある。

原田甲斐家も、三人の男子は切腹、孫の男子も斬罪となり断絶した。

伊達宗勝一族の墓（一関市願成寺）

▼地方知行
家臣は領有すべき土地を藩主より給付され、そこから独自に徴税する権利を持つ。

現在、「伊達騒動」は、お家乗っ取りをめぐる「忠臣」「逆臣」の対決の図式からは脱皮し、仙台藩の政治構造や幕藩関係の問題としてとらえなおされている。大藩の仙台藩は「地方知行《じかたちぎょう》制★」に基づき、親類・一門衆に万石を超す重臣が多かった。時代は、幕府を中心として、主君と側近家臣による官僚政治である、いわゆる「文治政治」への移行期であった。こうした時代の潮流に対して、藩主権力とそれまで主君家を支えた重臣層との間の軋轢が表面化したといわれる。

宗勝の知行《ちぎょう》地の磐井郡一関は仙台藩に収公され、家臣も本藩に帰属した。十年後に後見の一人であった田村宗良の後継宗永（後、建顕）が三万石の内分分家大名として宗勝の遺領一関に移封され、明治維新まで仙台支藩の一関藩を形成したのは、まさに因縁というべきか。

田村氏一関へ

田村氏は延宝九年（一六八一、九月二十九日に天和と改元）に名取郡岩沼から一関へ転封される。同年三月十六日に本藩の仙台藩に幕府から転封の許可が下り、三月二十一日に仙台藩からの使者が岩沼の田村建顕（当時は宗永）のもとへ到着している。三月二十六日には、仙台藩主伊達綱村から所替えの支度金として五〇〇〇両下賜されることとなり、家老大立目《おおたちめ》市左衛門《いちざえもん》が御礼の使者として仙台城に赴き綱

保性院廟厨子
（一関市祥雲寺）

村に謁見した。そしてこの間、家臣を一関に派遣し居館や侍屋敷等の作事を進め、天和二年（一六八二）五月初旬に一関に入部し一関南の御仮屋に着到した。建顕入部の日付については、五月二日と三日の二説ある。

さて、田村氏の一関転封の理由は何であったのだろうか。それは、延宝九年（一六八一）二月十四日に仙台藩家臣の古内《ふるうち》造酒助《みきのすけ》によって岩沼にもたらされた、仙台藩主「伊達綱村口上書」に明らかである。綱村は「先年、田村宗良が存命であった時、宗良から所領の所替えについて話があった。綱村は内々に所替えをしようと思ったが、田村家は以前から財政状態が悪いので、今まで延び延びとしてきた。しかし、近年連続して田村領（岩沼）に水害があり、その上、去年は大変な不作で財政はどうにもならない行きづまりの状況に至った。今年の参勤も勤められないと聞くに及んで、援助してやりたいと考えたが、宗良の時代から多額の援助をしてきたこともあり、また今回もというわけにはいかない。そこで、一関は場所も良いので所替えさせ、去年の年貢も与えることとした。それで宗永（建顕）がよしとするのであれば、綱村から幕府へ申請すべきだと考えている」といってきた。これに対する建顕の回答は、「①前々から本藩より多額の援助を受けていることについて、岩沼は仙台にも近く伊達家に代々仕えている譜代の臣もおり、それらを差し置いて援助をうけることは本藩の財政をも傾けることになりかねないので、どこへでも移封してほしい。②所替えについては建顕も同じ考えで

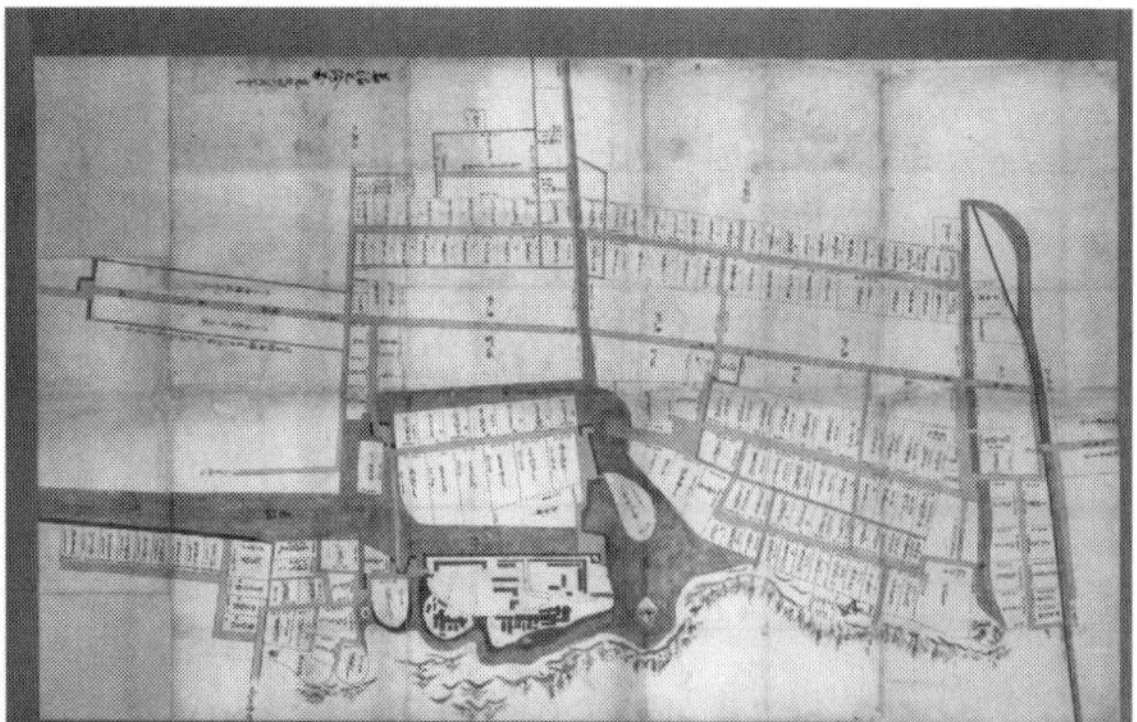
岩沼之絵図

ある。③一関移封後、昨年の年貢をも収益とすることは、前々から多額の援助も受けており、恐縮なことで絶対に辞退すべきだが、元来財政状態が悪い上に先年よりの数度の所替えで家臣も非常に困窮しており、このまま強いて一緒に連れていくのも気の毒で遠い新地で小屋懸けすることもできない状態である。昨年の年貢の収益は、心外ながらお願いする外はない」ということであった。

また、当時の一関は、前領主の伊達宗勝が伊達騒動（寛文事件）で改易され仙台藩の蔵入地となっていたので、田村氏の入部によって転封される者もいなかった。

史料上は、田村氏の財政難を打開するために、伊達・田村両家合意の上で、伊達本藩は蔵入地であった一関への田村氏転封を決行したということになる。

"藩内藩"内分分家大名

一関藩は、伊達氏の仙台藩六十二万石のなかから三万石を分けてもらって分家した、内分分家《ないぶんぶんけ》大名であった。分家大名＝支藩には三種類あるという。幕府が大名に与えた「領知安堵状《りょうちあんどじょう》」★の様式の違いで分けられ、①別朱印領外新知分家、②別朱印領内分知分家、③内分分家の三種である。大藩である仙台藩伊達氏にはこれらの三種類の分家が全部ある。①は本家とは別の領知安堵状が独自に与えら

▼**領知安堵状**
領地の領域や領民の支配を確認・保証した文書。十万石以上の大名には将軍の花押《かおう》（サインを簡略化したもの）を据えて発給し、十万石以下の大名には将軍の朱印を押印して発給したので、前者を判物《はんもつ》、後者を朱印状といった。四代将軍徳川家綱の代より将軍の代替わりごとに給付されたので、継目《つぎめ》安堵《あんど》ともいった。

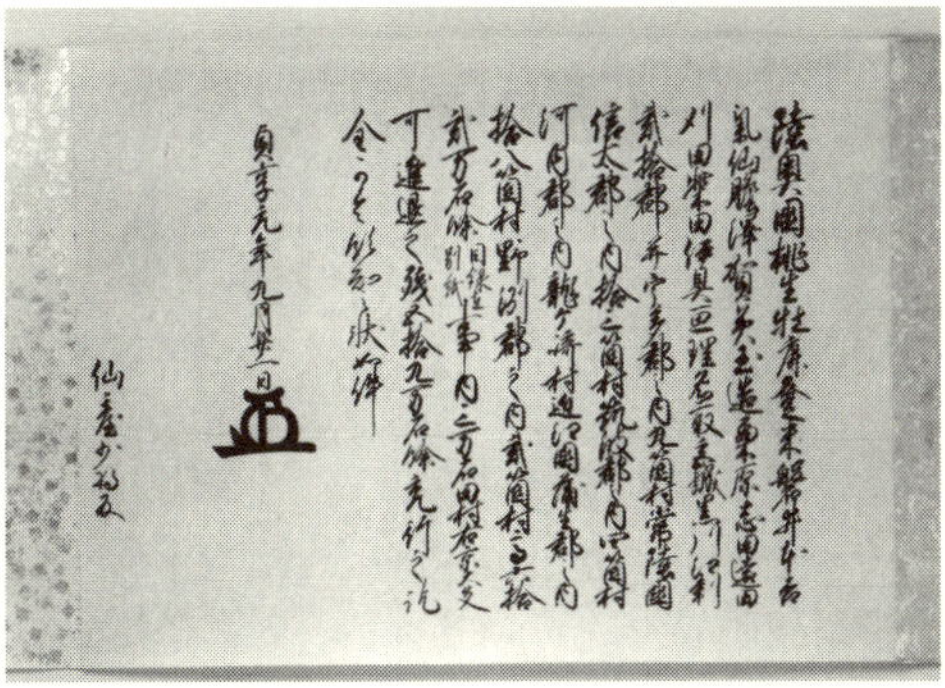

徳川綱吉領知判物

れ、領地も本家とは別の土地に新たに与えられたもの。宇和島藩伊達氏十万石がそれにあたる。②は本家とは別の領知安堵状が独自に与えられるが、本家の領内に領地を分け与えられたもの。宇和島藩伊達氏の分家、伊予吉田藩伊達氏三万石がそれにあたる。③は「領知安堵状」は独自に与えられず、本家の安堵状のなかに「内三万石田村右京大夫可進退之」などのように記され、領地も本家の領内に分かち与えられた。田村氏はこの形であった。一般に、③にいくほど本家への従属度が強くなるとされている。

田村氏には独自の「領知安堵状」は発給されなかったので、田村氏内分の内書《うちがき》のある、伊達氏に発給された領知安堵状の正確な写しが伊達氏より伝達された。

本家・分家の「契約」

本藩仙台藩に対する支藩一関藩の権限とでもいうべきものが決められていた。ことは、万治三年（一六六〇）、田村家が大名として格付けられたいわゆる「伊達騒動（寛文事件）」前後の、仙台藩による伊達兵部大輔宗勝と田村右京亮宗良の支藩としての位置づけにさかのぼる。この両名は、三代藩主綱宗の隠居にともない、幼君亀千代の後見となり内分分家大名として支藩を形成した。この際に、仙台藩では宗勝と宗良に対し「知《ち》行《ぎょう》仕《し》置《おき》六ケ条」（「六ケ条仕置」）を承認させた。

▼高札
幕府や藩の法令を木の札に墨書して、各地の高札場に掲示したもの。

▼夫伝馬
領主が年貢などの輸送のために課した夫役と伝馬役。

▼宿送
宿駅から宿駅へと人や荷物を送り継いでいくこと。

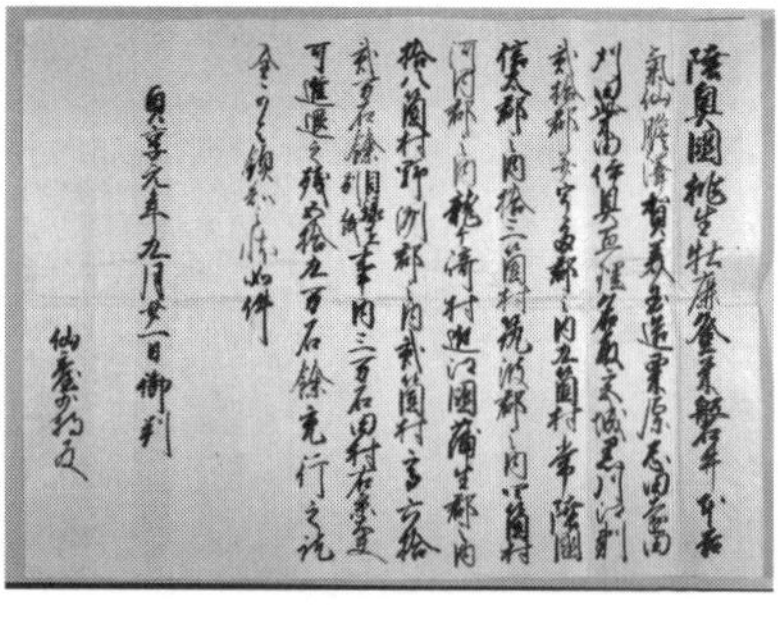
徳川綱吉領知判物写

それらは、①両名の領内の高札《こうさつ》★は仙台本藩から発給する。ただし、キリシタン高札は両名が発給してよい。②夫伝馬《ぶてんま》★と宿《しゅく》送《おくり》★は前々からのように仙台本藩が自由に使用できること。③大鷹は仙台藩主（亀千代）に進上すること。その他の鷹は両名の手元に差し置くこと。④将軍家への初鳥・初肴の献上について、仙台藩主（亀千代）が献上する前にそれらが得られたならば仙台藩主に進上すること。仙台藩主進上後であれば将軍家へ献上してもよい。⑤他国へ人返しの場合は前々からのように仙台藩主から他領主に対して執り行う。⑥他《た》国《こく》境《さかい》目《め》留物《とめもの》（他国出し禁制品）を輸出する場合は、万事仙台本藩御蔵の通判《とおしばん》を得て行うこと、の六カ条であった。なお、①の高札に関しては、後の延宝六年（一六七八）にキリシタン高札についても仙台本藩からの発給下げ渡しとなり、高札の掲示権すべてが仙台本藩に帰属させられた。

そして、天和二年（一六八二）、田村氏が岩沼から一関へ転封したのに際して、これまでの方針が再確認され、本藩仙台藩の支藩一関藩に対する宗主権が確立した。一関藩主は幕府からは大名としての扱いを受けたが、仙台藩に対しては臣下の礼を尽くした。歴代藩主は、「六ケ条仕置」を「宗国契約《そうこくけいやく》之《の》記録《きろく》」として、原本は家老が厳重に保管しておき、代初めには必ず拝読した。藩主手元には、写しを常備していた（「六箇条記録　入日記」田村家文書）。

また、犯罪人の処断、裁判権については本藩から独立した「自分仕置《じぶんしおき》」権が認

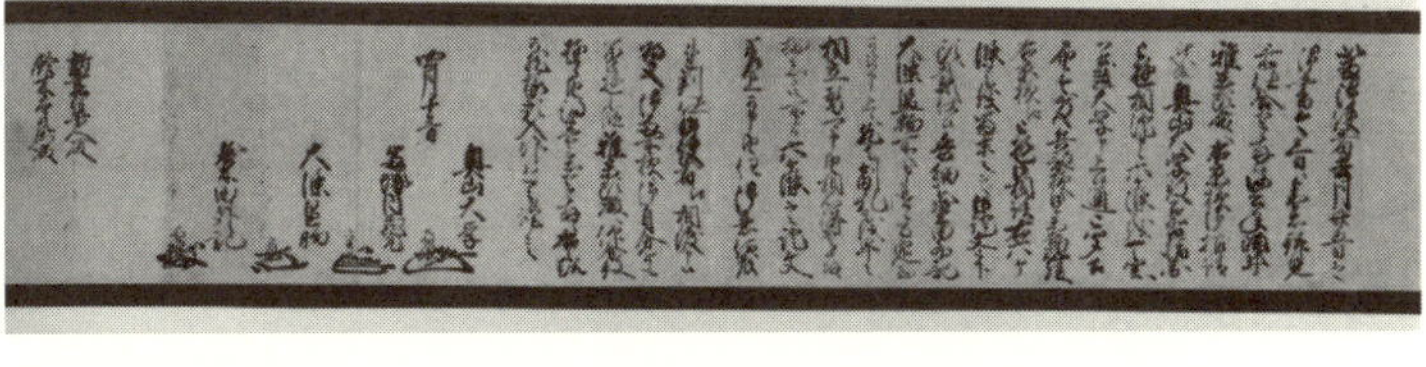

六ケ条に付仙台藩奉行連署書状

められており、仙台藩の他の重臣層とは一線を画した、分家大名への処遇となっていた。

領域の確定と領内絵図の作成

延宝九年(一六八一)十二月二十六日に仙台藩奉行(家老)連名で一関藩家老宛に所替えによる新しい知行目録★が発給された。そして、翌年の天和二年(一六八二)三月十一日に磐井郡西岩井、同郡流《ながれ》および栗原郡分、三月十六日には磐井郡東山分について、仙台・一関両藩役人立ち会いのもと境塚を築いて境目を立て、絵図に境星《さかいぼし》★を入れた。三月二十七日には、仙台藩から改めて知行目録が発給された。前年の目録と若干の異同があり知行地が確定された。知行地は、磐井郡西岩井一一カ村、同郡流《ながれ》一三カ村、同郡東山一一カ村、栗原郡二カ村、合わせて三七カ村であった。

大名としての家格と軍役

田村氏は、外様支藩であり、位階は従五位下《じゅごいのげ》、官職は右京大夫《うきょうのだいぶ》を名乗ることが多かった。従五位下には、国持大名クラスの大大名以外の一般大名が叙せられた。

▼知行目録
領有する村々の名前と村高が記されている目録。

▼境星
境塚の位置を示す墨点の目印。

一関藩領域図

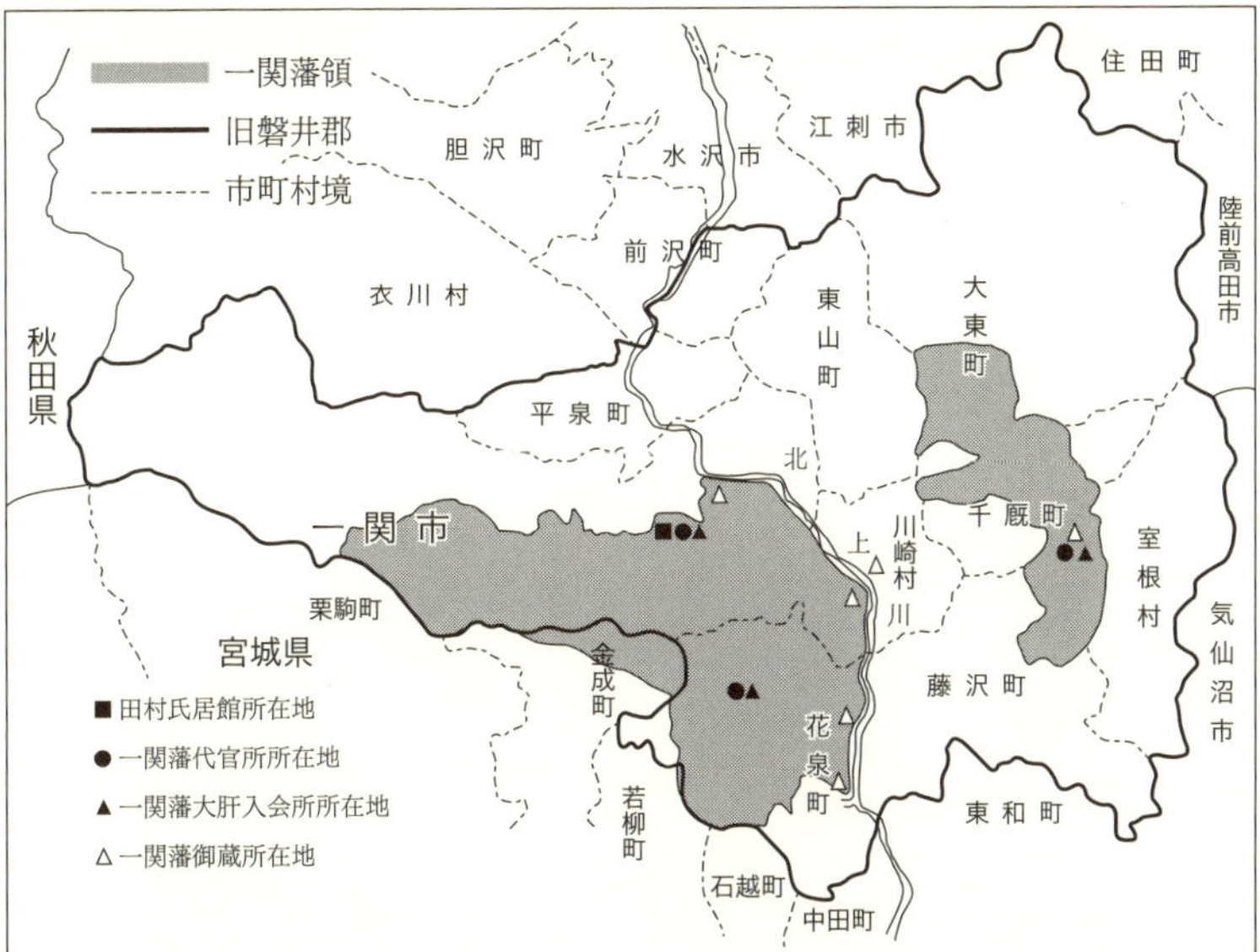

- ●磐井郡西岩井(11か村)　一関村・二関村・三関村・牧沢村・鬼死骸村・滝沢村・孤禅寺村・達古袋村・市野々村・上黒沢村・下黒沢村
- ●磐井郡流(13か村)　金沢村・清水村・金森村・中村・上油田村・下油田村・蝦島村・涌津村・男沢村・峠村・日形村・富沢村・楊生村
- ●磐井郡東山(11か村)　徳田村・南小梨村・北小梨村・清水馬場村・金田村・熊田倉村・上奥玉村・中奥玉村・下奥玉村・寺沢村・摺沢村
- ●栗原郡(2か村)　有壁村・片馬合村

図中の市町村は、2005年9月に一関市・花泉町・大東町・千厩町・東山町・室根村・川崎村が合併し、一関市となった。

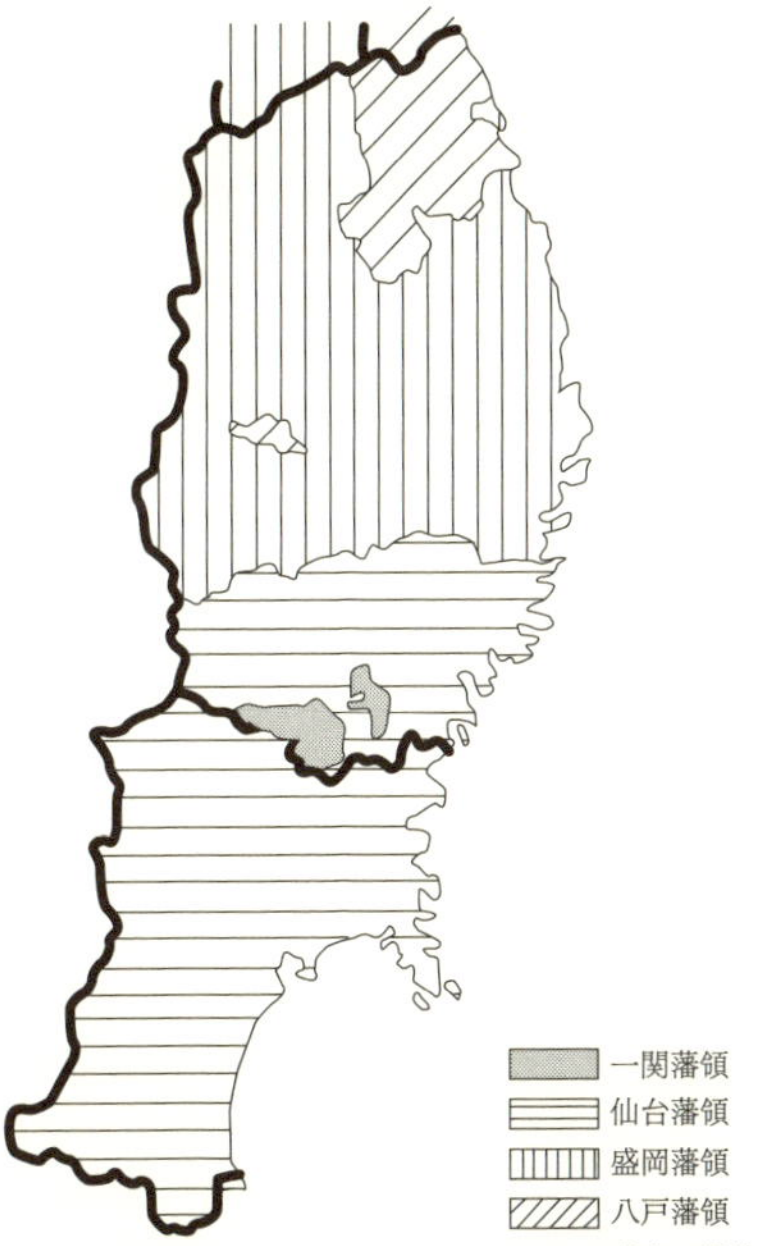

(一関市博物館提供)

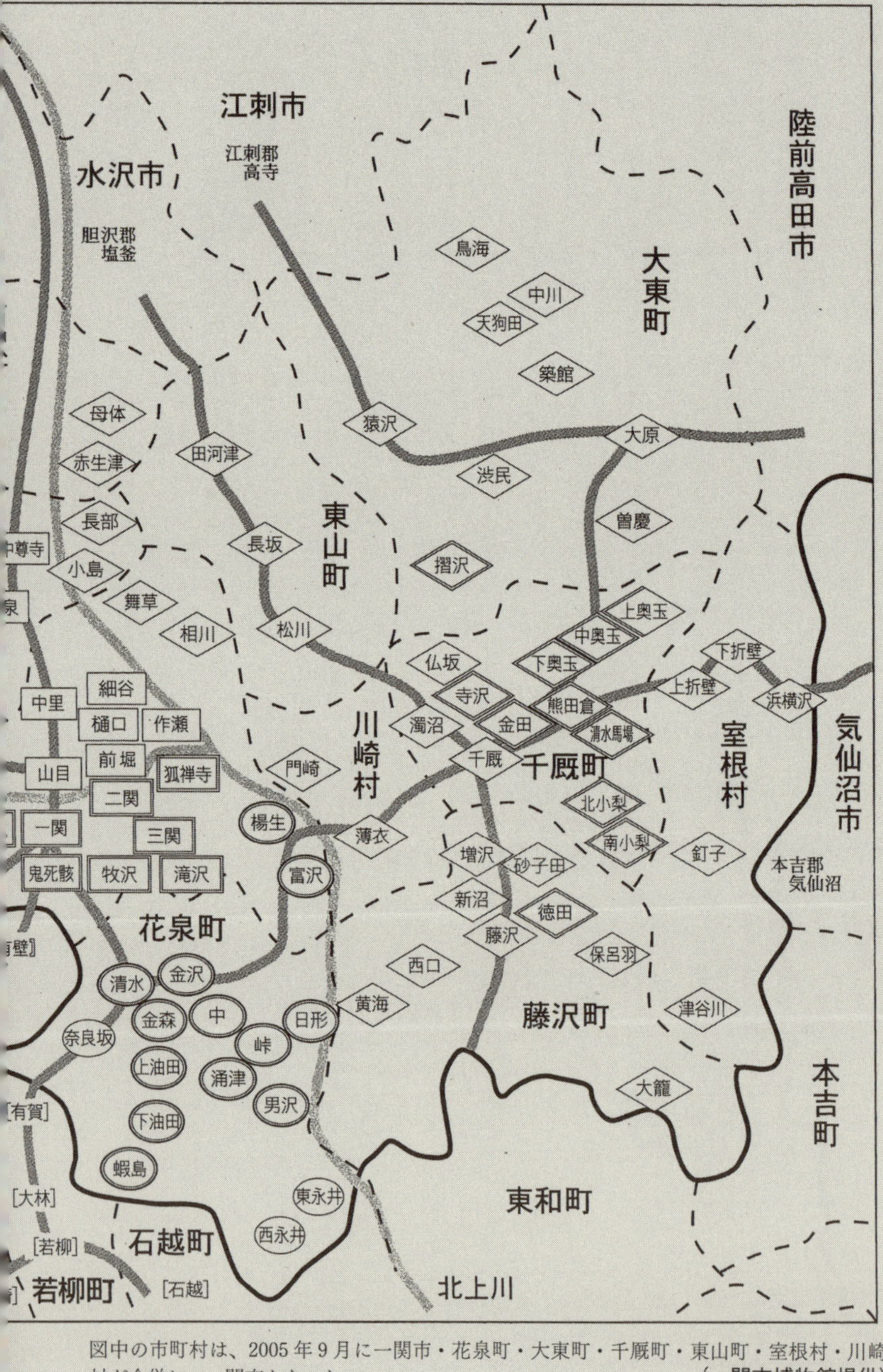

図中の市町村は、2005年9月に一関市・花泉町・大東町・千厩町・東山町・室根村・川崎村が合併し、一関市となった。
（一関市博物館提供）

一関地方の村々

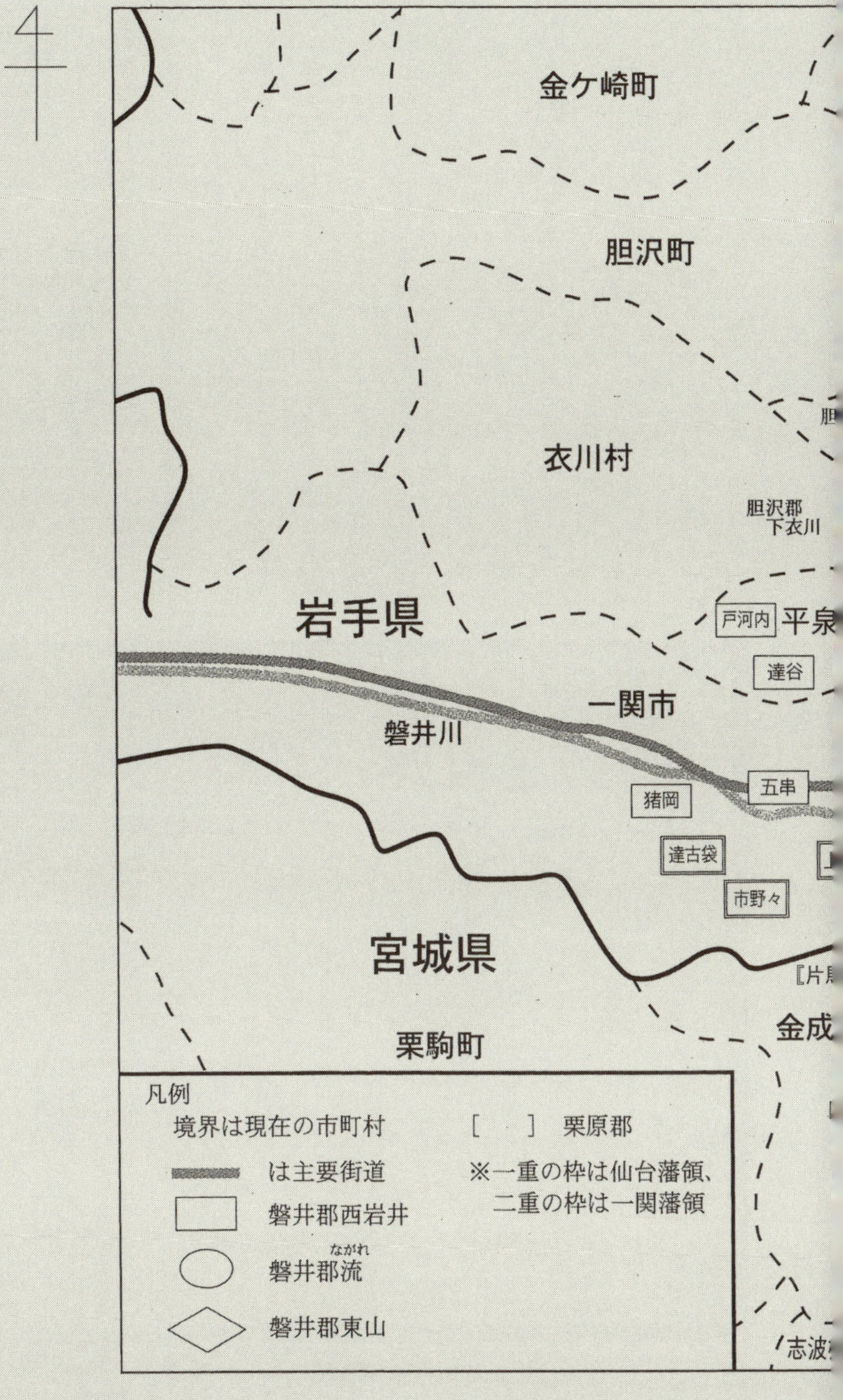
金ケ崎町
胆沢町
衣川村
胆沢郡
下衣川
岩手県
戸河内
平泉
達谷
一関市
磐井川
五串
猪岡
達古袋
市野々
宮城県
金成
栗駒町
志波
凡例
境界は現在の市町村
[ ] 栗原郡
は主要街道
※一重の枠は仙台藩領、
二重の枠は一関藩領
磐井郡西岩井
磐井郡流《ながれ》
磐井郡東山

右京大夫には、一一人の藩主中六人が任ぜられている。

大名の江戸城での控え室である殿席、いわゆる詰の間は、その格式によって定められていた。初代藩主の建顕は、大目付・寺社奉行・町奉行・勘定奉行などの幕府の中枢役人が詰めた芙蓉間《ふようのま》、二代誠顕は、譜代の小大名が詰めた菊間《きくのま》、三代村顕以降は、従五位・十万石未満の中小外様大名が詰めた柳間《やなぎのま》であった。

幕府に対する軍役（軍事負担）は、三万石で、馬上三五騎、鉄炮八〇挺、弓二〇張、鑓《やり》七〇本、旗五本であり、兵員は六一〇人とされた。このことは、嘉永三年（一八五〇）に一関藩から幕府に再確認されている（「御家御年代記」）。

石高と財政収支

田村氏の石高は前記三七カ村における三万石余であった。一関入部時の天和二年（一六八二）には三万一千五百七十二石余、幕末の嘉永四年（一八五一）には三万

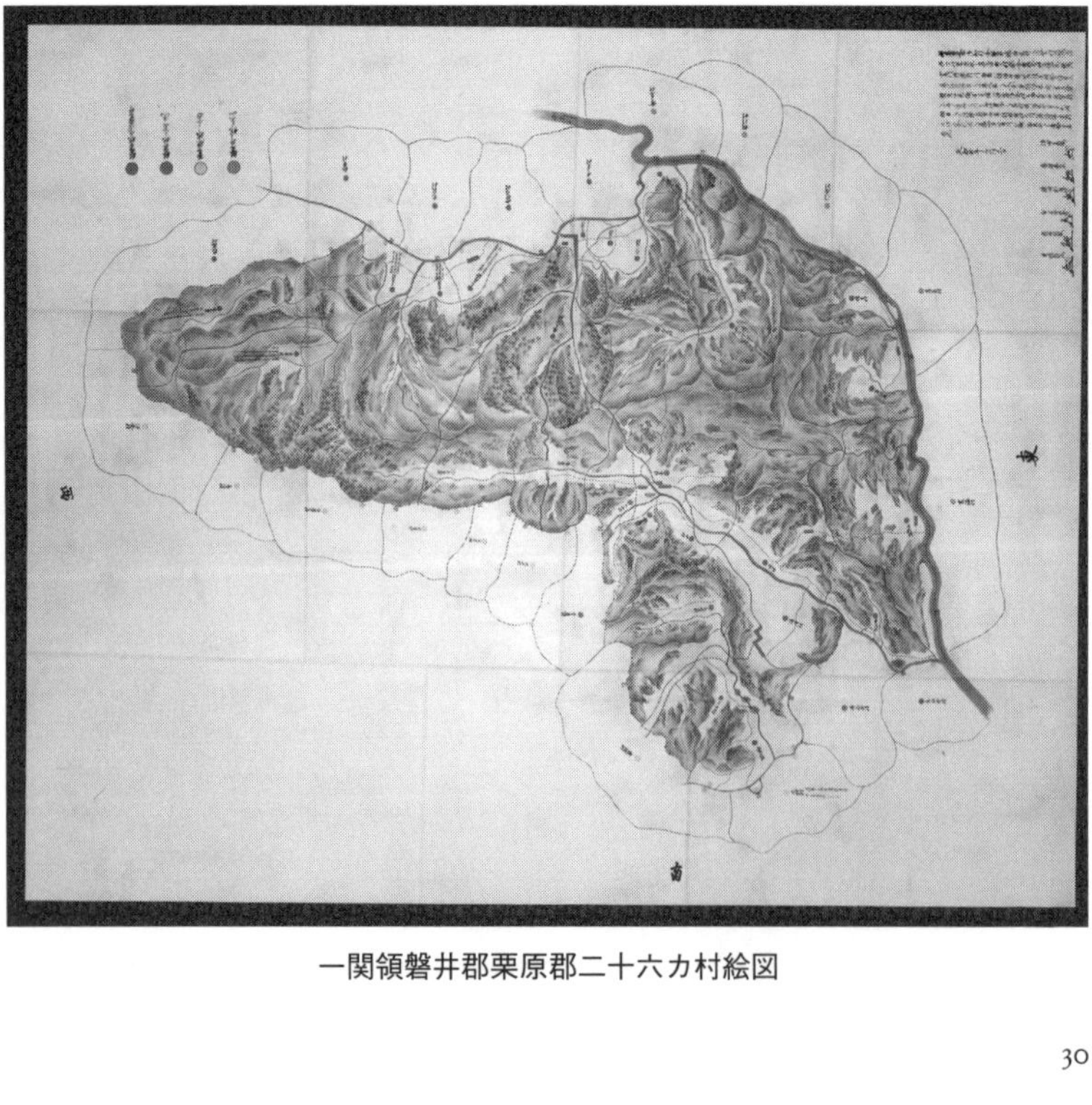

一関領磐井郡栗原郡二十六カ村絵図

三千三百四十四石余で、これらはほぼ実高とみてよいであろう。年貢率は前期で四公六民、後期で五公五民で、それぞれ四〇パーセント、五〇パーセントといわれている。藩には天和二年から安政三年(一八五六)までの一七五年間の物成高調べがある。それは、おそらく米の収納分のみではないかと思われるが、一七五年間の平均物成高は一万二千二百八十五石余となる。

さて、実際の財政の収支がどのようになっていたのか、いわゆる決算書にあたるものが見いだせないので確定的なことはいえないが、藩の勘定所が作成した収支見積書があるので、これによって概観することができる。一例をあげれば、嘉永四年(一八五一)十月から五年九月までの一年間の収支見積りは以下のようになっていた。ちなみに、この年は不作であり平年を下回る作柄であった。

収入は、石納分は、年貢米が一万一千九百七十五石余、年貢大豆が一千五百五石余、半高手伝米が百三十八石余、半高手伝大豆が二石余、仙台藩からの拝借米が七百石、買入米が一一〇〇俵、都合、米二万九四三八俵余、大豆三三五一俵余であった。金納分は、年貢金・諸役金・仙台藩からの拝借金・家中上納金・領民献金などで三七一一両三分と銭三貫三三七文[注]であった。

これに対する支出は、石納分は江戸回送米一万六四一一俵余、同大豆三二六二俵余、家中俸禄や諸払い・借米返済で米一万三一〇九俵余、大豆一三俵余であった。江戸回送分は、食糧米などを除き江戸市場で売却され、幕府公務、藩主家族

注…金貨の単位は一両＝四分＝一六朱

生活費、江戸詰藩士の滞在費、江戸藩邸経費、債務返済などにあてられた。金納分の支出は、家中切米金、江戸・仙台旅費、諸役所経費など三四四三両一分と一九貫二二四文であった。

国許収支は、石納分で米八三俵余の不足（赤字）、大豆七四俵余の残となり、金納分は二五四両一分と七五貫三一三文の残となった。江戸藩邸収支は二一六両三分の不足（赤字）となった。不作の年とはいえ、収入で仙台藩からの拝借米・金、家中の加役・上納金、領民の手伝米・献金が前提となり、収支残高では不足（赤字）米・金が生じた。

なお、翌嘉永五年の収支は、国許収支は、石納分で米五〇九俵余の残、大豆四一俵余の残となり、金納分は六九五両一分の不足（赤字）となった。江戸藩邸収支は四両二分の残となった。

一藩の財政としては全く余裕のないありさまで、まさに、体制が存続しているのが不思議なほどの状況を呈していた。

家中知行高・百姓持高の貫高表示

仙台藩では家中の知行高・禄高や百姓の田畑の持高《もちだか》★を石高《こくだか》ではなく貫高《かんだか》（貫文）で表示し、支藩である一関藩もこれにならった。田畑の場合は一貫文を十石

▼持高
田畑の公定生産高。

▼本百姓
田畑や家を有し年貢・諸役の負担義務を負う。

▼年季奉公
年季を決めて給金をとるもの。

に換算した。百姓一貫五〇〇文の持高は十五石に相当するという具合である。ただし、一関藩の場合、家中の俸禄の換算値は、寛文十年（一六七〇）以前で一貫文は十五石、以後の新量制では十六石二斗六升八合余と算定された。

年貢・諸税

税制も仙台藩と共通であった。年貢は本途物成《ほんとものなり》（本年貢）といって、本百姓★が持高に応じて、田は米で、畑作は大麦・小麦・稗・粟・蕎麦の五種は大豆で、小豆は米で納めた。米と大豆による現物納であった。税率は、前期は四公六民、後期は五公五民であった。年貢の納期は毎年十一月晦日《みそか》で、最寄りの藩の御蔵所に直納した。御蔵は城下八幡下、薄衣（一関市川崎町）、狐禅寺（一関市）、富沢（一関市弥栄）、日形（一関市花泉町）、館ヶ崎（一関市花泉町）の六カ所にあった。皆済期限は翌年正月二十日で、これを過ぎれば「未進不納」の処分を受け、親類・五人組が代納し、代納できないときには家内の者を年季奉公★・質物奉公★に出してその前借金で弁済した。それでも納税できなければ、沽却《こきゃく》★となり、家財は競売され田畑は入札に付された。

諸税には、四色小役としての詰夫役《つめぶやく》★、入草高《いりくさだか》★、夫馬高★、垣結《かきゆい》高★に、糠《ぬか》高★、藁《わら》田高★、一銭懸《がけ》★の三種を加えた七色小役があった。また、大肝入の事務費・臨時経費

▼**質物奉公**
借金が返済できずその債務として規定の年季の労働奉仕をするもの。

▼**沽却**
家・田畑・家財を売り払う。

▼**詰夫役**
公役に人夫に出る代わりの税。

▼**入草高**
藩馬の飼料代。

▼**夫馬高**
公役に出す馬の代わりの税。

▼**垣結高**
領主居館の垣を作る代。

▼**糠高**
藩馬の飼料代。

▼**藁田高**
藩馬の飼料・踏用代。

▼**一銭懸**
年貢方役人のわらじ銭。

として郡単位で徴収する郡償《こおりつぐない》、肝入の事務費・臨時経費として村内から徴収する村償《むらつぐない》というものもあった。郡償・村償で、藩役人が出張してきた場合に渡す手当として徴収するものを卯時代《ぼうじだい》といった。卯《う》の時《とき》（刻《こく》）は夜明け前後の時間で、本来は手伝い人足としてこの時間から使役されたことに由来するという。これら諸税は金納であった。さらに、人足出役（労働奉仕）もあった。

町方には、さらに問屋場経費や継夫《つぎぶ》★・伝馬《てんま》★の雇い代にあてる町役、職業税としての御役代などが加わった。

買米制度

仙台藩・一関藩の財政の根幹をなしたものが買米《かいまい》制度である。これは、伊達政宗の晩年にはできあがったといわれる。

百姓の作徳★米を藩が独占的に買い上げて、江戸市場で売却して利を得るもので、藩による余剰米の専売制度であった。本来のしくみは、藩が本金《もときん》（元金）を準備して、春から夏秋にかけて百姓の営農資金を無利子で貸し付け、秋に米で返済させるというものであった。買い上げ価格は江戸の相場（高い）と国許の相場（低い）の平均であったので、百姓にとっては有利な価格であり「御恵金《おめぐみきん》」ともいわれた。

▼継夫
宿駅に常備されている、人や荷物の宿継（宿駅から宿駅へ送り継ぐ）のための人夫。

▼伝馬
人や荷物の宿継のための馬。

▼作徳
領主への税を差し引いた純収益。

しかし、享保頃(十八世紀初期)には強制的な供出となって一種の租税化し、天明頃(十八世紀後期)から秋の米相場が下がったときに現金で強制的に買い上げるようになった。しかも、代金が越年して後払いとなることも珍しくなく、強制買い上げにともなう役人の不正と相まって大変な不評をかい、寛政の百姓一揆の原因のひとつとなった。買米制度は、曲折を経たが、財政の最も重要な施策として藩の終焉まで継承された。

一関藩では、仙台藩に伺いを立てて買米の額や方法が決められたようだ。幕末の元治元年(一八六四)十二月には、千両の買米を仙台藩に願い出たが、この年の作柄から千両分の買米は無理だとして二五〇両分だけ許可された。買米の方法は、前もって仙台藩の御蔵方へ本金二五〇両を納め、百姓への支払いは仙台藩の代官と郡方役人が行い、米の取り納めや北上川の川下げ★も仙台藩で一式引き受けるというものであった。これらは、両藩の家老同士の掛け合いで決められた(「御郡方御用留」)。各村への買米高の割付や確保は一関藩側で、江戸市場での売却は仙台藩が一括して行い、売却代金は一関藩が受け取るといったものであったと思われる。

城下町一関

一関城下は、田村氏入部以前の留守政景や伊達宗勝時代に徐々に形成されてい

▼川下げ
荷を北上川を下すことを「川下げ」という。

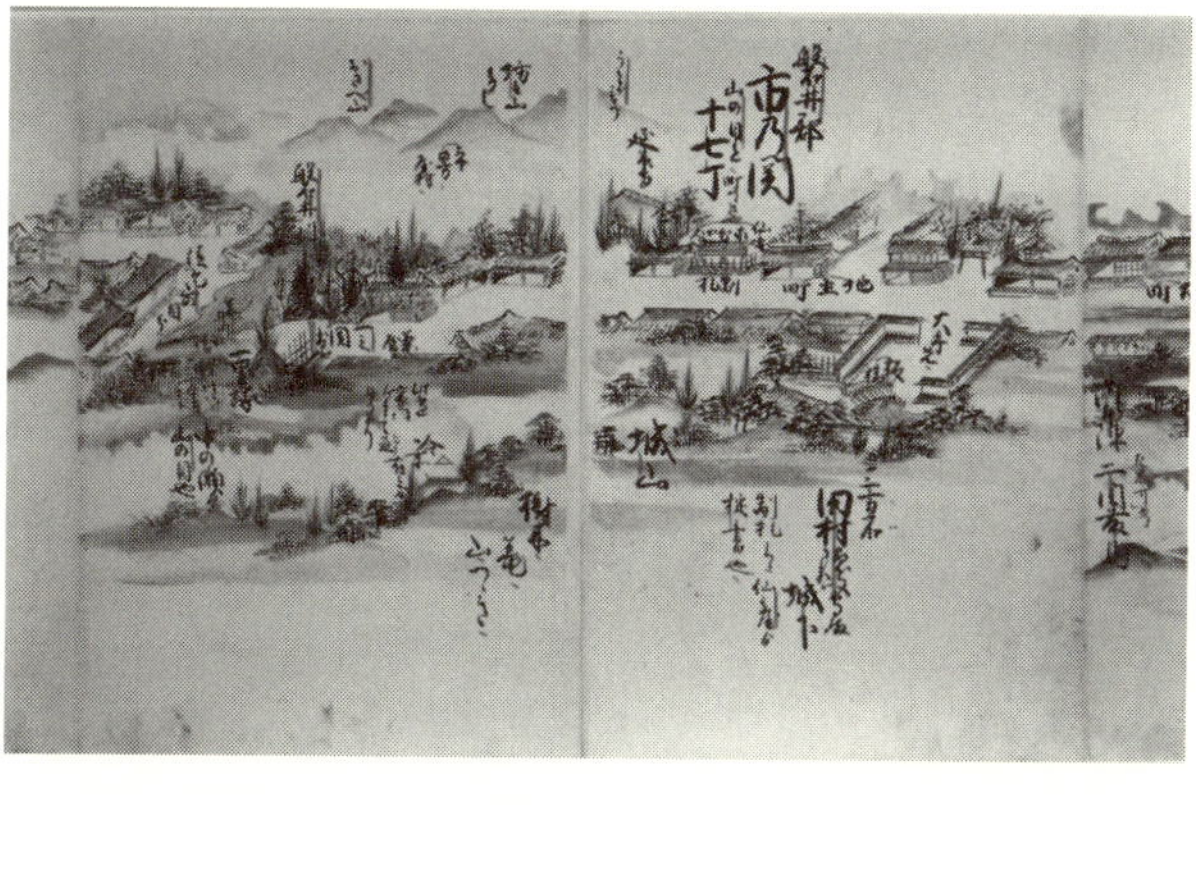

一関の町並(増補行程記)

たが、初代藩主田村建顕が天和二年（一六八二）に入部した後、藩士の兵学家・生《いく》田孫惣《たまごぞう》の地割りによって完成した。

西端を北流する磐井川と東端を北流する吸川《すいがわ》との間につくられており、中心は釣山《つりやま》の北麓に設けられた藩主居館（現町名城内、以下同じ）で、天守や石垣などの城郭は許されなかったが、堀と白壁をめぐらし、白壁には丸や三角・四角の狭《さ》間《ま》★が切られていた。また、裏門の東脇には高楼の時の太鼓櫓を構えていた。外堀の役割を果たしたのが五間堀で、藩主居館からみて、堀内の広小路（大手町・田村町）・中小路（田村町）・川小路（田村町）・八幡小路（八幡町）の上・中級家臣を内家中《うちかちゅう》といい、堀外の桜小路（桜木町）・下《しも》小路（磐井町）・新小路（磐井町）・大槻小路（下大槻街《こうじ》）・慈眼寺《じげんじ》小路（南十軒街）・表《おもて》吸川小路（上大槻街）・裏《うら》吸川小路（現在は鉄道用地）・五十人町・脇田郷・祥雲寺下・長昌院下の下級家臣を外家中《そとかちゅう》といった。五間堀の外側で、内家中と外家中の間を奥州道中がとおり、その道筋に、南から並《なみ》足軽の百人町《まち》（宮坂町・新大町）、商業などを営む町人の大町・地主町《じしゅうまち》が続いた。その他、諸職人の職人町（南新町・駅前）、持弓組足軽の五十人町、持筒組足軽の千刈田新五十人町（南町）、同心町（地主町西北端）・牢町（南新町）などがあった。以上のように、侍階級の居住区は「小路《こうじ》」、足軽・諸職人・町人などの居住区は「町《まち》」というように、その表記や呼称は区別されていた。

▼狭間
弓や鉄砲をうつために城壁にあけられた穴。矢狭間・鉄炮狭間という。

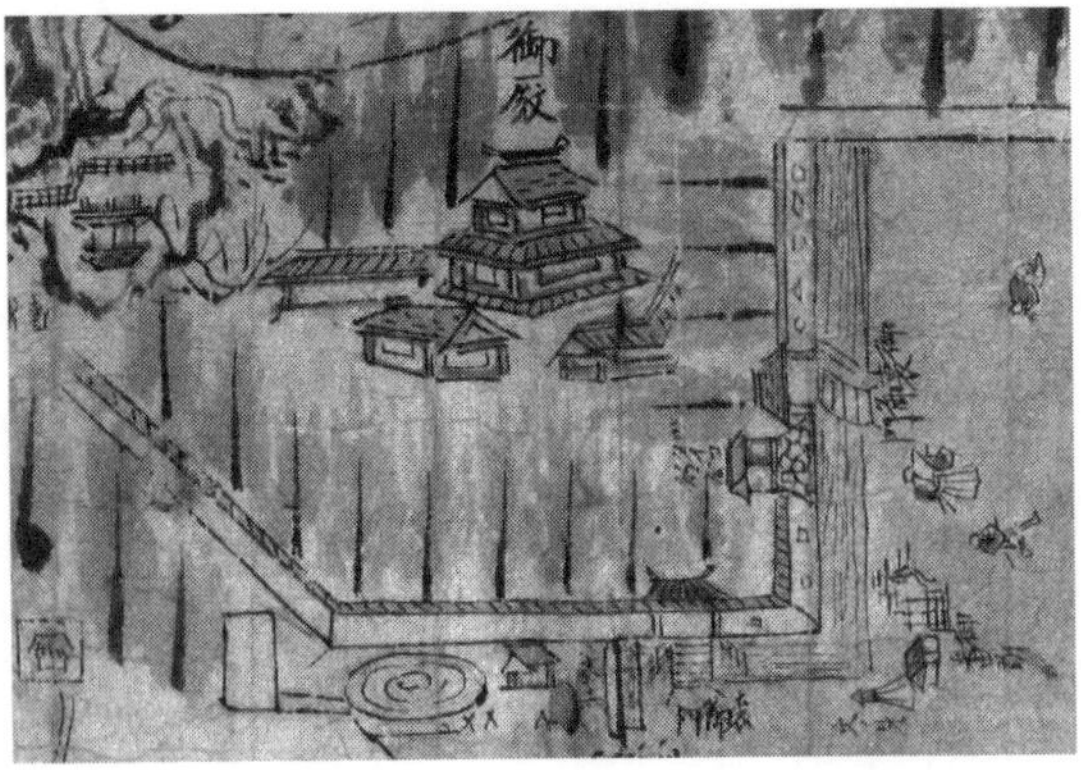

藩主居館（一関城下絵図）

南北に約二キロメートル、東西に約一キロメートルの小城下町であった。

城下の主な施設

城下の主な施設としては以下のものがあった。藩主居館中の時の太鼓櫓では昼夜十二の時を告げた。居館東北角、広小路四辻（広街《こうじ》角）の辻番所前に火の見櫓があり高さ三丈五尺（約一〇・六メートル）で半鐘をかけた。居館表門脇に舟蔵があり水害時のために舟を保管した。八幡下と広小路に米蔵があり、八幡下御蔵（現在の一関学院高校）は年貢米・藩米・俸禄米を保管し、広小路御蔵（現在の一関税務署）は籾を蓄蔵した。外堀の五間堀は総延長約二・二キロメートル、幅平均二・七〜三・六メートルであった。軍事的な防御用の枡形《ますがた》★が、大手、裏大手、百人町の南口、表吸川小路の南口、桜小路の東口に築かれていた。木戸が奥州道中沿いの城下出入口や寺院入口に設置されていて、夜間や非常時に閉じられた。各小路・町の裏側などには下水がとおりそれぞれ五間堀に入るようになっていた。また、防火用に百人町から大町にかけて道の中央に水路があり、これは、城下南の八幡神社の南にあった新山堤《にいやまつつみ》辺から一キロメートルほど北流して下横《しもよこ》町《ちょう》西口（地主町角）で五間堀に入った。地主町通りの中央にあった井戸も消火設備的な意味合いが強いのではないかと思われる。磐井川に唯一架かる磐井橋は、

▼枡形
城郭の入口を二重にして土塁や門などで囲んだ方形の空き地。

毛越寺山門

五間堀
広小路御蔵
一里塚
岩井川橋(大橋)
同心町
問屋場
川小路
中小路
小路
路
地主町
下小路
新小路
延命寺
本陣
裏大手
教成館
大手
桜小路
大町
般若寺
和光院
表吸川小路
大槻小路
五十人町
慈眼寺小路
慈眼寺
裏吸川小路
郡方役所
西岩井代官役所
西岩井大肝入役所
五間堀

一関城下図

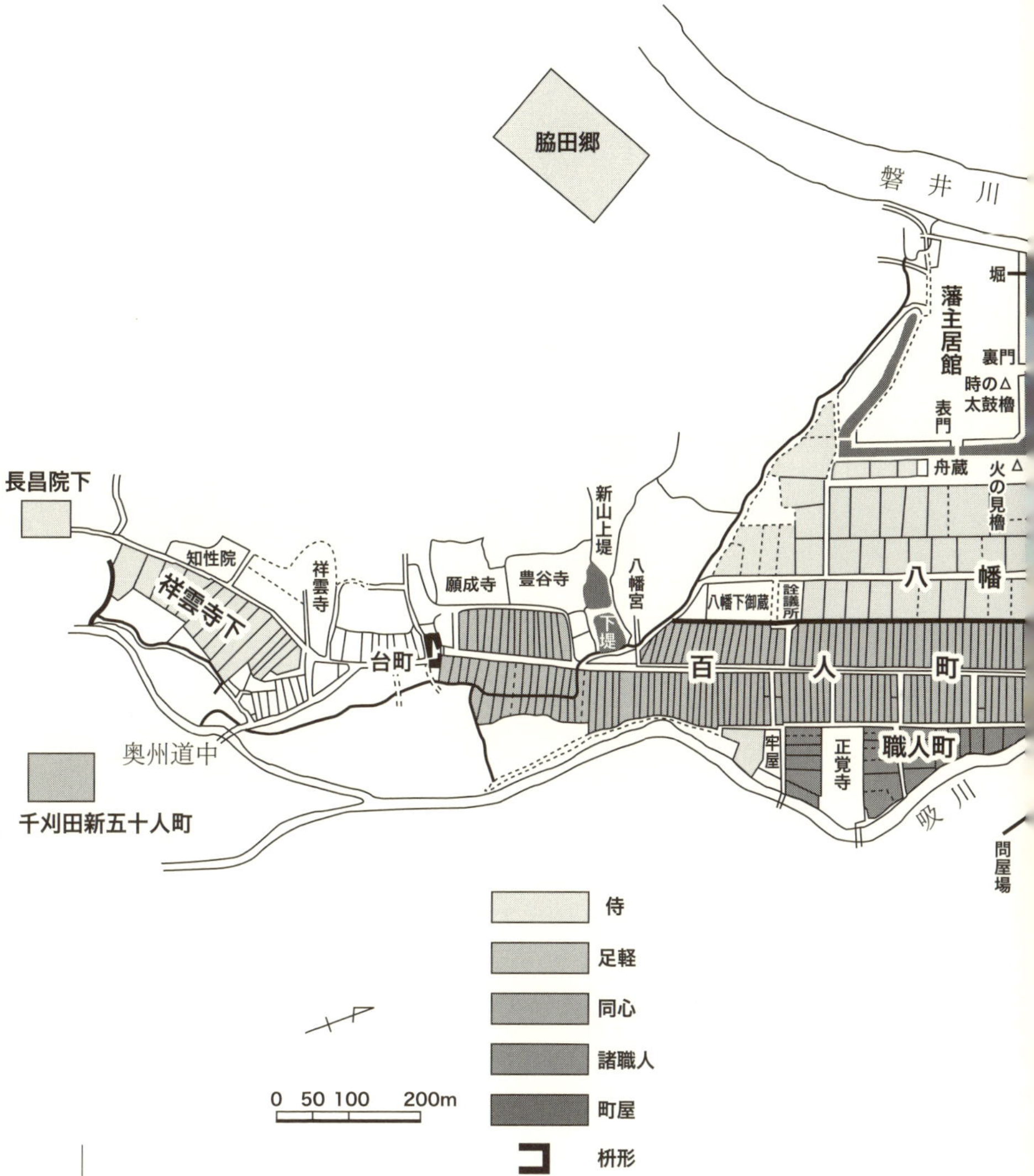

脇田郷
磐井川
堀
藩主居館
裏門
時の太鼓櫓
表門
舟蔵
火の見櫓
長昌院下
知性院
祥雲寺下
祥雲寺
願成寺
豊谷寺
新山上堤
八幡宮
下堤
八幡下御蔵
詮議所
八幡
台町
百人町
職人町
牢屋
正覚寺
吸川
問屋場
奥州道中
千刈田新五十人町
侍
足軽
同心
諸職人
町屋
枡形
0 50 100 200m

岩井川橋とか大橋と呼ばれ、土橋で長さが約九八メートル、幅約六・四メートルであった。西岩井代官役所と同大肝入役所が大町にあった。本陣（仙台藩・一関藩では外人屋《がいじんや》ともいった）が地主町、人馬の継立て事務所である問屋場《といやば》が地主町と大町にあった。

なお、城下の道路は直進できないように鉤型《かぎがた》の「食い違い」につくられていた。現在も、広小路の一関税務署角から昭和病院前を通って中小路を越え川小路に抜ける、旧称本間横丁と上野横丁に「食い違い」が残っている。

当時の建築物で今に残るものは、祥雲寺の一切経蔵のほか、藩主居館の中門が平泉の毛越寺山門に、江戸上屋敷裏門が東京都杉並区方南の東運寺（釜寺）山門になっており、城下中小路の家老沼田家が現地に復元されている。

城下への道　―女殺し坂をこえて鬼死骸村を一里ほど進めば城下南の枡形に至る―

城下への出入口は南北とも奥州道中（街道）が主要道である。その他の脇街道としては、松尾芭蕉が「奥の細道」紀行で松島から一関に入った石巻街道、平泉を訪れて出羽方面へ南下した迫《はさま》街道がある。いずれも城下南の出入口である。見出しの少々気味の悪い地名は迫街道にちなむものである。

迫街道は出羽街道との分岐点である栗原郡（宮城県）の岩出山から岩ヶ崎、片《かた》

東運寺（釜寺）山門
（東京都杉並区方南　江戸上屋敷裏門を移築）

馬合《ませ》をとおり一関へ至る道である。栗原郡では上《かみ》街道と呼んでいる。片馬合村は一関藩領であったが、現在は宮城県栗原市金成《かんなり》町に属している。この古道の一関市側の三・五キロメートルほどは保存されており現在も歩くことができるが、県境付近は道がなく通行はできない。片馬合から県境をこえて一関市に入り八〇〇メートルほどで道の両側に一対の一里塚がある。刈又一里塚と呼ばれ、高さ約五メートルと約三メートルの塚が保存されている。幅二メートルほどの古道を進んで肘《ひじ》曲がり坂を下り、刈又一里塚から一六〇〇メートルほどで女殺し坂にかかる。このあたりは蔵主沢《ぞうすざわ》とも呼ばれている。物騒な名前のとおり、うっそうとした樹林にかこまれた昼でも暗い急坂の道である。天正年間（一五七三～一五九二）にあった女殺しの伝説にまつわる道なのだ。

——栗原郡三迫《さんのはざま》の稲屋敷村（宮城県栗原市栗駒町）の女が、磐井郡西岩井の中里村（一関市）に嫁いだが離縁となり実家に帰った。しかし、夫婦の愛情は続いており、女は再婚祈願のため舞草《もくさ》観世音に丑の刻参りに出かけ、この坂の途中で石に腰掛け休んでいた。偶然にも、離縁した夫も女に逢おうと稲屋敷村へ行ったが逢えずにむなしく引き返した帰路、この坂を通りかかった。とその時、女と思しき者が髪を垂らし蠟燭を三本立て、笄《こうがい》をくわえて座っているのをみて大いに驚き、混乱と恐怖のあまり女を殺してしまった。その後でよくみてみると、それは怪女ではなく我が妻であった。男は罪を悔いて役人へ届けた。以来、この坂は

迫街道女殺し坂入口（一関側）

刈又一里塚

女殺し坂と呼ばれ、夜間の歩行にはものさびしさを感じさせる（『萩荘村史』）。―

　無事坂をこえると鬼死骸《おにしがい》村だ。この不気味な名前も古い伝説に由来している。平安時代、坂上田村麻呂が達谷窟《たつこくのいわや》（平泉町）に住む鬼神「大武丸（大竹丸・大嶽丸）」を追い、退治して死骸を埋めた上に大岩を置いた。この岩は鬼石《おにいし》と呼ばれて現在もその場所に残っており、鬼石伝説が村名の語源となった。安永四年（一七七五）の「風土記御用書出《ふどきごようかきだし》」に鬼死骸村の名石として書き出されている。鬼石は高さ五尺（約一五〇センチメートル）・廻り三丈余（約九メートル）とある。また、鬼石の北隣にある鹿島神社（武神・軍神）は大武丸退治後の大同二年（八〇七）に勧《かん》請《じょう》★されたものと伝えられる。さらに、鬼石の南方五〇メートル付近にあるあばら石は、「風土記御用書出」には高さ一尺（約三〇センチメートル）・廻り一丈九寸（約三・一メートル）とあるが、現況は四個の岩が横列に並んでいるようにみえる。同書にはあばら石の由来はわからないと記されているが、鬼石との関連を推測させる。現一関市真柴字的場鹿島神社下の的場踏切付近、県道北沿いの田圃の中にある。

　鬼死骸村を進んでいくと新山《しんざん》一里塚がみえてくる。江戸時代には塚に杉の木が植えられていた。刈又一里塚からちょうど一里歩いたことになる。現在は跡地の標柱だけが往時をしのぶよすがとなっている。さらに進むと長昌寺門前に至る。江戸時代は長昌院といい藩主の祈願所であった。時の太鼓が保存されており、かつて門前には下級武士の屋敷があった。七〇〇メートルほどで藩主菩提寺の祥雲

鬼石

あばら石

寺である。門前を通過するとすぐ奥州道中との追分（分岐点）となり、「右ハはさま　左ハせんだい道」と刻した石の道標が建っている。奥州道中に入ってすぐ城下南の枡形に達する。左手は願成寺門前である。

一関の地名の由来

一関の語源は「関塞《かんさい》説」と「用水堰説」のふたつある。

「関塞説」は前九年合戦（一〇五一～一〇六二）のときに設置された関所に由来し、これを村名にしたというもの（関元龍『関邑略志』）で、「用水堰説」は一関地方を広く灌漑している照井堰にちなみ、本来は堰であったものが関に転化してしまったとするもの（高平真藤『平泉誌』）である。江戸時代には一関村・二関村・三関村があった。

史料上では、室町時代の十五世紀半ばから十六世紀前半の正法寺《しょうぼうじ》（奥州市水沢区）に関する記録に「西岩井一堰願成寺」の表記がある。また、中尊寺に伝わる文明十六年（一四八四）と延徳四年（一四九二）の二枚の巡礼納札に「奥州西岩井群（ママ）三堰」の表記がある。十六世紀後半からのこの地域の城館主の系譜類には、既に「堰」はなく「関」が定着している。これらからは、十六世紀前半までは「一堰」であり、十六世紀後半に至って「一関」に転化したともいえそうである。語源として「用水堰説」が有力視されている。

▼勧請
神仏の分霊を他の地にもまつること。

照井堰

② 初代藩主田村建顕

大名家存続の危機をいとこの仙台藩主伊達綱村のはからいで乗り切る。江戸時代を代表する大名歌人・教養人として学問立藩を志し、幕府奏者番への立身、津山城請け取り上使と浅野内匠頭の預かり・切腹、理想の藩主として語り継がれる。

家督相続と大名家存続の危機

初代一関藩主田村建顕《たけあき》は、延宝六年（一六七八）、父宗良の死去にともない二十三歳で家督を相続した。初名は宗永《むねなが》、元禄五年（一六九二）に建顕と改名し「たつあき」と訓じ、同十年（一六九七）からは「たけあき」と読ませた。

田村家の相続には予想外の困難がともなった。本藩仙台藩伊達家中から多くの反対の声があがったのである。それは、亡くなった宗良に対する伊達家中の不満が鬱積していたことによる。伊達家文書中にある、建顕が仙台藩主伊達綱村にあてた書状によってその間の事情をうかがってみよう。建顕はその理由を「亡父仕かけ不宜」「御家中とも和し申間敷」と嘆いた。さらに、「私どもぶんの領知を拝領仕候、先之様にいたしたがり候と、専申唱候と承、気毒奉存候」といって、頭をかかえた。つまり、宗良は、政宗の孫で綱宗の兄、綱村の伯父という血筋であ

亡父仕掛け宜しからず＝亡父宗良のやり方がうまくなく

御家中とも和し申すまじく＝伊達家中とも和合しなかった

私ども分の領知を拝領仕り候、先の様に致したがり候と、専ら申し唱え候と承り、気の毒に存じ奉り候＝建顕が三万石を相続して、先代宗良のようにしたいのだと、もっぱらそのように言っていると聞き、気に病んでいる。

り、伊達騒動時に反兵部宗勝派の支えであったにもかかわらず、支藩として本藩の支配を受けることに不満があり、仙台藩の重臣たちとの意思疎通がうまくゆかず、協調できなかった。

このことから、建顕も宗良と同じような態度をとるのではないかと不安を抱かれている、というのである。建顕は宗良個人の政治的な資質に原因を求めているが、田村家は当時名取郡岩沼で三万石の内分分家大名として待遇されており、この処遇の継承、永続化に対して仙台藩の重臣層が拒否反応を起こしたということであろう。

この困難をうまく収拾したのは、ほかならぬ仙台藩主伊達綱村であった。建顕と綱村は父が兄弟のいとこであり、綱村は当時二十歳、建顕より三歳の年少で、建顕が「▼兼て御懇に被遊」と述べているように、心中相通ずる仲であったことは想像に難くない。もっとも、宗良も伊達騒動後弱年の藩主であった綱村（亀千代）を擁護し綱村自身も伯父宗良を頼りとしてきた。綱村は、伊達家中をまとめ幕府への根回しをして、建顕の岩沼三万石の相続を許可した。田村氏は内分分家大名として存続することとなったのである。

建顕は綱村に対し「このたびのお情けは未来永劫にわたり忘れることはできません。感謝の気持ちはことばに表せません」「あなたのお為であれば一命をも捨てる覚悟です」「あなたのお為にさへさしさわりなければ、ひきつづきご奉公し、

兼ねて御懇《ねんご》ろに遊ばされ＝ずっと以前から親しくしていただいて

伊達家中とも和合していけるようご指導いただければと、これぱかり願っております」と心よりの感謝の意を表し、本藩伊達氏への忠誠を誓った。

四年後一関へ転封されることになるが、建顕の分家支藩藩主としての出発は、本家本藩への従属と、支援を願い、忠誠を誓うところから始まったのである。

大名歌人、文化人・教養人として

建顕は幼少の頃より漢学の他に書・絵画・茶道・能・和歌・箏《そう》（現代でいう琴）などをおさめた。なかでも和歌に対する情熱は並々ならぬものがあり、徳川（水戸）光圀《みつくに》の命によって編纂され、江戸時代前期を代表する歌集とされる『正木のかづら』に、大名中光圀につぐ一四首を入集されたのは建顕であった。その研鑽の跡は、『万葉集』『古今和歌集』『伊勢物語』『源氏物語』『枕草子』などの多くの建顕自筆写本を伝える吉野の龍門文庫や「詠百首和歌」「徳源院殿御詠草」などの歌集やおびただしい量の詠草★・点取和歌★が残る田村家文書にみることができる。和歌の師は公家の日野弘資・中院《なかのいん》通茂などで、東山天皇の勅点《ちょくてん》★を受けた詠草もある。このように、建顕は徳川光圀に比肩する大名歌人であったと評価されている。

▼**詠草**
和歌の草稿。

▼**点取和歌**
師の評点を受けた和歌。

▼**勅点**
天皇の評点。

学問立藩

貞享五年（一六八八）建顕三十三歳のとき、近臣に対して長文の手紙を書いた。「学問のすすめ」として伝わっているその内容は以下のことであった。

「私は幼少の頃から学問に志し、十分に実になってはいないが心には怠らないようにしてきた。家中には学問を好む人がいないようだ。皆に学問を好きにさせたく色々と書いてみる。納得のいかない点は、よく説明して聞かせたい。学問は道を知るために行う。自分の悪いところを直すために行う。書物は為になることが多いので、耳に入らなくとも講釈を聞き、仮名書きの書であっても読んでみるべきである。書物を読み文字も知る者が学問に真実の心を持って励めば、鬼に金棒である。阿呆の馬鹿の、人でなしなどといわれるのは腹が立つものだ。しかし、学問もしない者は人の道も知らないので誠の人ではない。よって人でなしといわれても腹は立つまい。いわれるのが本当にいやなら、学問に志して道を学ぶべきである。心が安楽になり、行うべき事を習うのが学問である。今、人の身の上で学問をしないのは、今から京に上ろうとして支度までして、途中で止めるようなものである」（「御家御年代記」）。不学の者が多い家臣団に対して、学問の必要性を熱く説いたのであった。

田村建顕手鑑

初代藩主田村建顕

次いで、元禄四年(一六九一)に居館の西南にあたる釣山に聖堂を建立した。聖堂には母貞厳院所持の孔子像をまつり、堂の四囲には松を植えて「松樹堂」と称した。将軍綱吉が江戸湯島に聖堂を建てた翌年であった。一関藩における儒学興起のさきがけとなった。

幕府奏者番へ

建顕は外様支藩大名として異例の出世を遂げ、元禄四年(一六九一)に江戸城奥詰となって譜代に列し、翌年には奏者番《そうしゃばん》となり、役儀によって城主の列に加えられた。奏者番とは、譜代大名から任命され、大目付・目付とともに三役と称され、大言語怜悧《れいり》英邁《えいまい》の人物でなくては勤まらない職とされた。種々の儀礼に際し、大名・旗本が将軍に拝謁するにあたり姓名・献上品を披露し、将軍よりの下賜品を伝達したり、殿中元服の者に将軍御前の習例を指導した。また、御三家・大名・公家への上使、将軍家通常の仏事や御三家の法会などに代参を勤めた。奏者番に任命されることは名誉なことであるが、礼儀作法のわずらわしさと重職のゆえに、一門一家は薄氷を踏む思いで、半月か二カ月で免職される者も多かったという。

建顕は病没するまでの十数年間にわたってこの重職を勤めている。

この栄達の背景には、五代将軍綱吉による譜代大名抑制、外様小大名・支藩大名登用政策や、建顕の文芸、ことに和歌に対する深い教養があったとされている。特に後者には当時の武家社会には珍しい、公家社会との親密な交流が反映されており、奏者番を勤め上げた個人的資質としてはこの事が大きいとされている。

津山城請け取り上使

元禄十年（一六九七）に、後嗣がなくて改易された美作国《みまさかのくに》津山藩（岡山県津山市）十八万石、森美作守の津山城請け取りの上使（将軍の使者）に建顕が任命された。改易大名の城の請け取りというのは、明け渡させて接収することであり、元禄時代とはいえ武力使用を覚悟した強い緊張をともなう仕事であった。それゆえに、城請け取り側の役人は、上使一名（建顕）、目付一名（旗本水谷勝阜《かつおか》）、添目付二名（旗本）、代官三名（旗本）、それに、請け取りを実行する大名二家（松平若狭守《わかさのかみ》・酒井靫負佐《ゆきえのすけ》）、請け取り後の城在番大名一家（松平安芸守《あきのかみ》）というものものしい布陣であった。将軍徳川綱吉からは命令書である「条目《じょうもく》」が下された。

一関藩の持参の兵具は、奥州という遠国からの出張であるという配慮から、定められた三万石の軍役の「半役」を少し上回る規模で勤めるようにという老中の指示であった。その内容は、旗三本、鉄炮四三挺、弓一〇張、鑓《やり》三五本、七本《ななつほん》道具《どうぐ》★、具足《ぐそく》二領、弓立二錦、弩兵《どへい》★二箇、騎馬一八騎というものであった。供の人

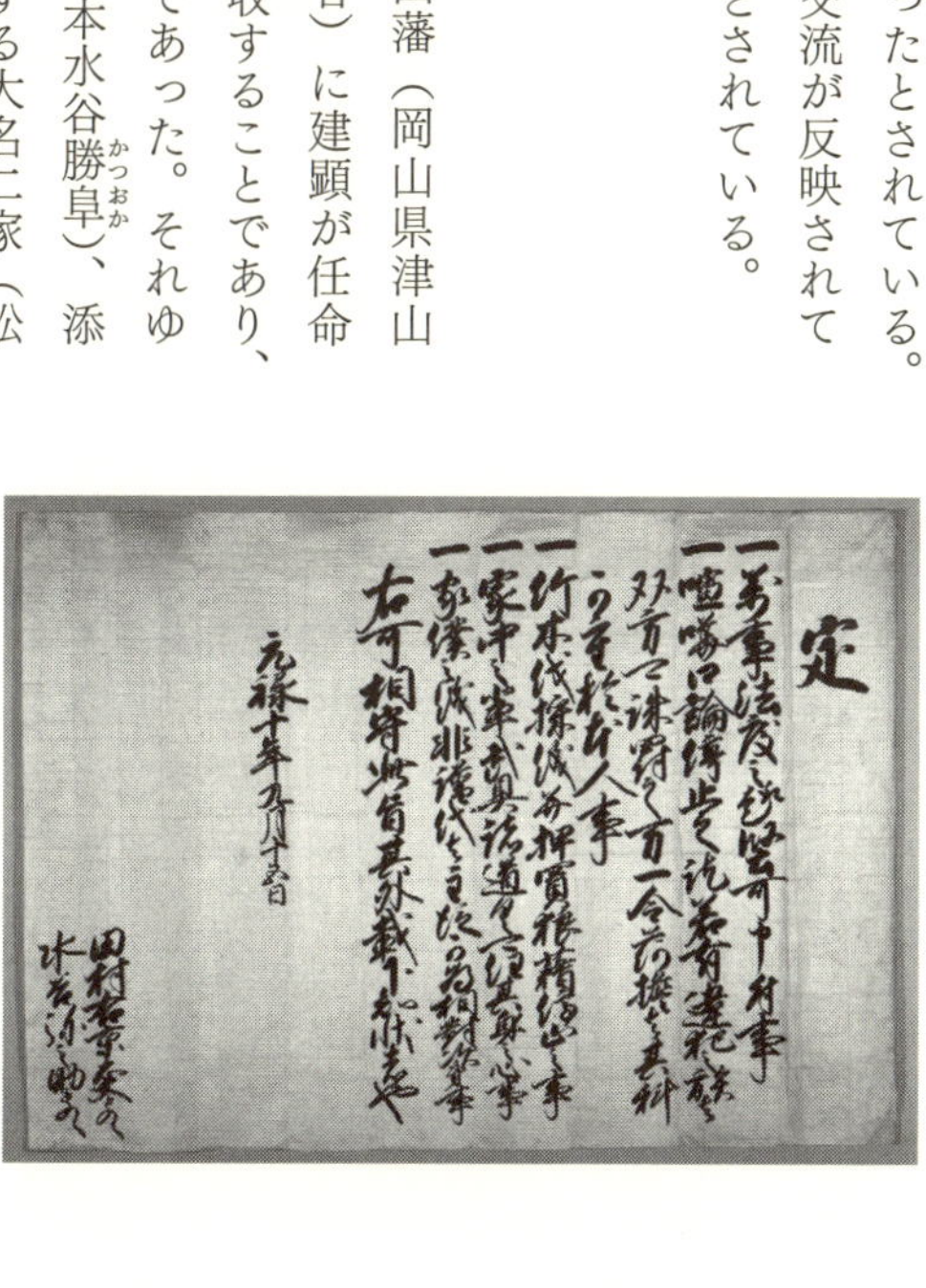

徳川綱吉条目案

▼七本道具
大名行列に用いられた鑓・長刀《なぎなた》・台笠（傘袋に納めたつま折傘）・立傘《たてがさ》（日よけの大傘）・大鳥毛《おおとりげ》（鳥の羽で装飾した鑓の鞘で大名行列の先頭に立てた）・馬印《うまじるし》（主将の馬そばに立てた印）・挟箱《はさみばこ》（衣類などを入れて担がせた箱）の七種の道具。

初代藩主田村建顕

数は、侍一一一人（騎馬一八騎含む）、足軽長柄《ながえ》★一六三人、大工・職人・坊主・中間・駕籠・挟箱・草履取・手木《てぎ》の者★・手廻《てまわり》★など一八七人、又者《またもの》★三九一人、合計八五二人であった（「作州津山御用覚留」）。旗三本、鉄炮四三挺、弓一〇張、鑓三五本、騎馬一八騎は、三万石の軍役の「半役」を少し上回る規模には間違いない。しかし、人数は軍役をかなり上回っていた。

　上使任命にあたり本藩の仙台藩より一〇〇〇両の援助があり、出発にあたって将軍家より金三〇枚、時服五着、羽織・馬を拝領した。

　こうして、仙台藩主伊達綱村に見送られて江戸を出発し、宿泊先には各藩の藩主や家老が連日訪れ挨拶をうけた。供として出張する家臣たちは、身分に応じて手当の現金が支給された。また、家老から足軽・又者に至るまで規律・風紀を守る旨、起請文を書かされた。起請文には、公儀御用の権威に奢った言動の禁止、他家や対外的には小事といえども田村家中の価値基準で接してはならない、津山では少品でも無断で調達してはならないなどの規律が認められ、足軽・又者の下級武士には、喧嘩口論・博打の禁止、宿泊地での他所出入り禁止、遊女遊び・酒盛り・高声の禁止、津山での物品の無断調達の禁止などが徹底された。

　城請け取りは大名二家の軍勢が取りかこむなかで無事完了し、森家中の者へは上使到着後三十日以内の城下退去を命じて江戸に帰還した。出発時同様、仙台藩主伊達綱村が出迎えた。藩や家中にとっては、大名としての歴史の中で最も華や

▼弩兵
投石機の石弓か。

▼足軽長柄
二間以上の長さの鑓を持つ者。

▼手木の者
手木＝十手を使う者で捕吏。

▼手廻
藩主の身辺で雑用を行う者。

▼又者
臣下の臣、又家来。

かで面目躍如たる日々であった。

浅野内匠頭御預かり一件—一関藩のいちばん長い日—

元禄十四年（一七〇一）三月十四日（太陽暦の四月二十一日）、有名な江戸城本丸松の廊下の刃傷事件がおきる。建顕は当日登城していた奏者番のひとりであったため当事者の浅野内匠頭《たくみのかみ》の預かりを命ぜられ、浅野は即日芝愛宕下《しばあたごした》にあった一関藩江戸上屋敷（藩邸）で切腹となった。この事件は翌十五年十二月十四日（太陽暦の一七〇三年一月三十日）の赤穂浪士による吉良《きら》上野介《こうずけのすけ》邸討ち入りにむすびつく一連の出発点であるが、預かりから切腹までの経過は、一関藩主田村家の「御家御年代記」「北郷《きたごう》杢助《もくすけ》手《で》控《びかえ》之《の》写《うつし》」などの史料に詳しい。この間を、時間を追って再現してみよう。

三月十四日

〇九ツ《ここのつ》（正午）……江戸城本丸松の廊下で播磨国《はりまのくに》赤穂藩主浅野内匠頭長矩《ながのり》が幕府高家《こうけ》筆頭吉良上野介義央《よしひさ》に刃傷に及んだ。この日は、年賀の答礼に江戸に来ていた勅使《ちょくし》（天皇の使者）と院使（上皇の使者）が将軍に別れの挨拶をし、将軍が謝礼を述べる儀式が行われる予定であった。勅使御馳走役《ごちそうやく》（天皇の使者の接待役）の内匠頭が、その指南役であった吉良に意趣があり、大廊下曲がり角付近で短刀をもって斬りつけた。居合わせた人々がふたりを引きはなし退去させた。しばらくして、奏者番の詰の間に、奥より奏者番は誰が詰めているか尋ねがあり、当番のほか（非番）は建顕のみであることを答えた。追って、若年寄の井上大和《やまとの》守《かみ》から建顕が浅野家と姻戚関係がないか問い合わせがあり、ないと答えた。

○九ツ半《ここのつはん》（午後一時頃）……建顕、老中土屋相模守《さがみのかみ》より時計の間に呼び出され、内匠頭を当分上屋敷に預かることを命ぜられた。建顕は自身が引率して護送するか、また、上屋敷で内匠頭に面会すべきか伺い、それらには及ばない旨申しつけられた。早速、請け取り準備のため上屋敷に帰宅した。建顕は非番であったが在室しており、非番であったためと浅野家との姻戚関係がなかったために預かりを命ぜられた。

○八ツ半《やっはん》（午後三時頃）……上屋敷より請け取り人数を差し出した。目付一人、物頭《ものがしら》二人、物頭並《なみ》一人（以上四人騎馬）、小性《こしょう》組二人、中《ちゅう》小性三人、徒《か》歩《ち》目付一人、徒歩二〇人、足軽（棒を持たせた）三〇人、三道具《みつどうぐ》（刺股《さすまた》・突棒《つくぼう》・袖搦《そでがらみ》）一組、乗物舁《かき》一五人の総勢七五名であった。建顕は目付以下騎馬四人に直々に指示をし、護送の駕籠に網をかけるかどうかは幕府側の指示を受けるように命じた。請け取り隊は桜田門より入城し、足軽を門外に残して士分の者で本丸中《なか》の口《くち》から内匠頭が入れられていた坊主部屋前まで駕籠を乗り入れた。内匠頭を乗せ、錠をおろし網をかけ、桜田門外にいた足軽を差し回して、不浄門とされた平川門から下城した。網は、請け取り以後は勝手次第という幕府役人の指示に従ってかけた。

○七《なな》ツ《つ》過ぎ（午後四時過ぎ頃）……上屋敷に到着。裏門より入り、駕籠のまま「中の間」の「上の間」に入れた。座敷は、ふすまを釘打ちにしてその上へ板を打ちつけ白紙を貼り、出入口は一方口（一カ所だけの出入口）とした。便所は座敷内に囲い、便器を置いた。座敷の外回りの障子も全部釘打ちにした。内匠頭へは大紋《だいもん》（五位以上の武家の礼服）を脱がせてから料理を出した。一汁五菜で内匠頭は湯漬けを二杯食べた。

○七《なな》ツ《つ》半《はん》（午後五時頃）……幕府から正使として大目付の庄田下総守《しもうさのかみ》、副使として目付の大久保権左衛門・多門《おかど》伝八郎の三名が来た。建顕へも御用の向きがあるというので居間に通したところ、下総守が内匠頭切腹という老中よりの命を伝えた。

○六《む》ツ《っ》過ぎ（午後六時過ぎ頃）……内匠頭切腹。「出会の間」前の庭にむしろを敷き、その上に畳を一五畳敷いてさらに毛氈を二枚敷いた。まわりは屏風でかこって四方に高提灯を置き、その外側には段幕を張った。座敷同様にしつらえ、屋根は木羽葺《こばぶ》きにしたという。上段の「出会の間」には、庄田下総守以下の幕府検使役人、建顕と後継の誠顕《のぶあき》が立ち会いで着座した。内匠頭には、昼より着ていた紋付きの熨斗目《のしめ》の上に、一関藩で用意した裃《かみしも》を着せた。使用した小脇差は長光、介錯刀は加賀清光で、いずれも小性頭が管理している田村家伝来の刀であった。小脇差・介錯刀ともに用意に急を要したため、その選定について建顕より強い叱責があった。介錯刀は当初美濃千寿院を選んで建顕に伺いを立てたが、このような場合に無分別に使う刀ではない、誰がそれを使えといったかと叱られた。小脇差の長光は伺いを立てる時間がなかったのでそのまま差し出したが、事後、由緒ある小脇差を不注意に使用したと、これまたお叱りを受けた。長光は使用後に研ぎ直し鞘なども作り替えて丁重に収納した。遺骸は引き取りに来た浅野家家臣二名に小《ちい》さ刀《がたな》・大紋・鼻紙袋・烏帽子《えぼし》とともに渡された。その光景を「御用留」は「なかなか目もあてられぬ様子どもにござ候」（気の毒でとてもみていられない）と伝えている。遺骸は裏門より出し、受取人の出入もまた裏門からであった。

ところで、諸大名や武家社会では、なぜ内匠頭を一関藩が預かることになったのかをいぶかる声も聞かれた。刃傷事件があったあと、江戸城に登城していた諸大名は役務のある者以外は差しひかえて下城していた。建顕は当日非番にもかかわらず、奏者番の詰の間に居残っていた。このことが、差し出がましきこと、幕府への点数稼ぎとうつった。建顕はそのような質問があった場合の回答の仕方を家臣団に徹底させていた。家老への命令書で「主人は何か御用（公務）があって退出を延ばしていた」と答えるよう諸役人へ徹底させた。しかし、同じ文書の中

浅野内匠頭終焉之地碑
（港区新橋四丁目の一関藩上屋敷跡）

で本心をはっきりと述べている。それは、「御役（公務）を勤める者は、殿中に変事があれば在宅でも即刻かけつけなければならない。まして、登城していて何か役に立つことがないかと居残ることは、普通、奉公する者の常識であろう。他の人々が早退したのはそれぞれの考えであり、自分の考えは以上である。もし、他所より聞かれたら先のように答えよ」ということであった。

田村屋敷の「鳴動する石」

「享和二年（一八〇二）夏のころの話。江戸の芝愛宕下の一関藩田村氏上屋敷の庭に大きな石があった。そこにはだれも近寄らないのだという。そのわけを聞くと、そのむかし元禄のころ、浅野内匠頭が江戸城中で狼藉の罪があり、田村家へお預けになり庭で切腹となった。その跡に大石を置いて目印とした場所だからだという。その時、本家の仙台藩より、大名を庭にて切腹させたのは礼を失したと責められたのだそうだ。今年、どういうわけか、この石が大きな音を立てて揺れ動くのだという。原因はまったく分からないという」。当時の江戸南町奉行根岸肥前《ひぜんの》守鎮衛《かみやすもり》が記した風聞集『耳嚢《みみぶくろ》』（岩波文庫）に収められた話である。浅野内匠頭切腹後百一年目、赤穂浪士の仇討ち後百年目の江戸のうわさ話である。

浅野内匠頭の無念の怨念か。しかも庭先での切腹。直後に浅野本家の広島浅野

浅野内匠頭長矩侯田村邸切腹図

初代藩主田村建顕

家からも、大名の処遇として庭先での切腹は礼を失していないかと幕府に対して問い合わせがあったという話も伝わる（「多門伝八郎覚書」）。一関藩の名誉のためにいっておくが、切腹の場を設営するにあたり、一関藩では「出会の間」の座敷を考えていた。しかし、幕府の上使と一間一席ではうまくないので、間を隔てて段違いにしようとした。切迫した時間の中で、準備にあたった本〆《もとじめ》★から幕府役人の点検までに造作は間に合わないと悲痛な訴えが出た。家老の北郷杢助は早急に段違いにする決心をしたところに幕府正使の庄田下総守が来て、老中土屋相模守の命で白砂《しらす》★で行うようにと指示したのであった。幕府の処置はすでに決まっており、預かり先の意志の及ぶ話ではなかったのである。なお、庭先の切腹を非難する史料や本藩の仙台藩が責めたという記録もない。後年繰り返し生産された「忠臣蔵」伝説・物語のひとつであった。

▼本〆
勘定方の責任者。

▼白砂
庭先。

遺書

宝永五年（一七〇八）正月二十六日五ッ半（午前十時頃）、建顕は江戸上屋敷で家臣を呼びよせて生け花の準備をしていた。四ッ（午前十時三十分頃）、便所に入り、声をあげて食物を吐き右側に倒れた。そのとき舌を噛んだらしく出血していた。すぐに後継の誠顕が中屋敷から、仙台藩主伊達吉村《よしむら》も仙台藩上屋敷から駆けつけた。吉村は医師を派遣したが治療のかいなく、翌二十七日暁《あかつき》七ツ（午前四時三十分頃）死去した。症状から推測するに脳溢血であったであろうか。

建顕は遺書を残していた。それは四通あり、幕府老中宛、柳沢吉保《よしやす》宛、伊達吉村宛、家老以下重臣宛であった。従前より、毎年十二月に書き替えていたものであった。彼の心情がはっきりするので、紹介してみよう。

○幕府老中宛……①外様より召し出され奥詰、奏者番に取り立てられた礼。②死後、後継の誠顕に家督相続させてほしい。

○柳沢吉保宛……残っていないが、幕府老中宛と同じか。

○伊達吉村宛…①父宗良が内分分家となり、自身も相続させてもらったことへの礼。②たびたびの財政援助への礼。③後継誠顕への家督相続と子孫までの大名としての相続への願い。

○家老以下重臣宛……①母貞厳院を大事に扱うこと。②伊達家は主人であり、くれぐれも疎《そ》意《い》なきようにすること。③家中は人の道を忘れずに義理・正義を尽くせ。武芸に励め。まず家老が率先し、役人は依怙贔屓《えこひいき》なく、思うことがあれば遠慮なく主人へ申し上げ、いずれも和合一致が肝要である。物事の処置は、当座のことのみにこだわらず、将来のことを考えて行え。秘事伝書は粗略にせず、目録を作らせているので、しかるべく扱え。親しく仕えた家臣が殉死することは固く禁じる。

用意周到、きれいな最期であった。

人となり

今まで話してきたことをまとめてみよう。

①素地としては、伊達家の文化的風土に育ち、幼少時からいろいろな学問修養をしてきた。その上で、伊達の血筋、政宗の曾孫という血統・人脈を活かした人生であった。

②負わされた使命があった。それは、田村家の存続、内分分家支藩大名として子々孫々まで相続させる使命であった。そのため、本藩である仙台藩伊達家を主と仰ぎ、仙台藩内の秩序と仙台藩重臣層との和合を尊重した。

③藩経営の理念、よりどころとして、学問立藩と武門の名門の系譜を強調した。藩士の教養（儒学）を高めることにより組織の統制や主従・家臣団の調和をはかり、あわせて坂上田村麻呂の後裔として系図を整備し、文武両道という文治政治の流れに乗った藩経営をすすめようとした。

④対外的姿勢（対公儀、対役務）は謹厳実直、公務優先、本来の性格であった。

⑤人間としての資質は、当代一流の文化人・教養人であり、文治政治における理想の藩主として後代まで語り継がれた。

これも一関

歴代藩主

【かっこ内は在位年】

藩祖　宗良《むねよし》（承応二〜延宝六＝一六五三〜七八）

仙台藩二代藩主伊達忠宗の三男。右京亮《うきょうのすけ》、隠岐守《おきのかみ》。祖父伊達政宗の正妻陽徳院の遺言により、陽徳院の実家田村家を継ぐ。伊達騒動では叔父伊達宗勝とともに仙台藩主伊達亀千代の後見となり、三万石の内分分家大名として、名取郡岩沼で支藩を形成した。後見としては、宗勝が主導権を握り力を発揮できなかったが、反宗勝派の拠り所としての存在感を有した。病弱気味で和歌をよくした文化人であった。

初代　建顕《たけあき》（延宝六〜宝永五＝一六七八〜一七〇八）

事績は省略。

二代　誠顕《のぶあき》（宝永五〜享保十二＝一七〇八〜二七）

旗本田村顕当《あきまさ》の五男。下総守《しもうさのかみ》。永代橋火消、桜田組火防、常盤橋門警衛、院使御馳走役などを勤めた。宝永七年（一七一〇）には芝口門と高輪大木戸の普請を命ぜられた。

三代　村顕《むらあき》（享保十二〜宝暦五＝一七二七〜五五）

伊予国宇和島藩主伊達宗賛（むねよし）の二男。隠岐守、右京大《うきょうのだい》夫《ぶ》。大手組火防、神田橋門警衛、常盤橋門警衛、勅使御馳走役などを勤めた。

四代　村隆《むらたか》（宝暦五〜天明二＝一七五五〜八二）

仙台藩五代藩主伊達吉村の五男。下総守、右京大夫。本所竹蔵火の番、大手組火防、神田橋門警衛、常盤橋門警衛、勅使御馳走役などを勤めた。

五代　村資《むらすけ》（天明二〜寛政十＝一七八二〜九八）

仙台藩重臣伊達村良（登米伊達氏）の長男。左京大《さきょうのだい》夫《ぶ》。大手組火防、桜田組火防、神田橋門警衛、常盤橋門警衛などを勤めた。天明三年（一七八三）には藩校教成館《こうせいかん》を建設した。同年は大飢饉で物成収納高三千八百石に激減。三十六歳で隠居した。

六代　宗顕《むねあき》（寛政十〜文政十＝一七九八〜一八二七）

近江国堅田《おうみのくにかただ》藩主堀田正敦《まさあつ》（仙台藩六代藩主伊達宗村《むねむら》の八男）の二男。右京大夫、左京大夫、右京大夫。本所竹蔵火の番、大手組火防、桜田組火防、神田橋門警衛、勅使御馳走役、常盤橋門警衛などを勤めた。文化十四年（一八一七）には富士川改修手伝いを命ぜられた。

七代　邦顕《くにあき》（文政十一〜天保十一＝一八二八〜四〇）

宗顕の二男。左京大夫。大手組火防、桜田組火防、常盤橋門警衛、勅使御馳走役を勤めた。文政十一年（一八二八）には、江戸幕

府開府以来初めてという、十四歳で前髪のまま勅使御馳走役を勤め、勅使広橋胤定《ひろはしたねさだ》を感激させ和歌を贈られた。また、人材の登用に意を注ぎ、自ら藩士の教育に関与し、和算家の千葉雄七胤《たね》秀《ひで》を召し抱えた。在世中は天保の飢饉にみまわれ、天保四年（一八三三）の大飢饉のときは物成収納高は千六百石余に過ぎず、藩政に苦心して二十五歳の若さで病没した。

八代　邦行《くにみち》（天保十一～安政四＝一八四〇～五七）

宗顕の四男、邦顕の弟。右京大夫。大手組火防、桜田組火防、神田橋門警衛、常盤橋門警衛、勅使御馳走役などを勤めた。嘉永五年（一八五二）には藩政改革に着手し、仕法替（財政改革）を行った。

九代　通顕《ゆきあき》（安政四～文久三＝一八五七～六三）

邦行の長男。桜田組火防、神田橋門警衛などを勤めた。万延元年（一八六〇）には、同年の桜田門外の変で大老井伊直弼《なおすけ》を暗殺した、水戸藩士森山繁之助と佐藤鉄三郎を預かった。文久三年（一八六三）には仙台藩主伊達慶邦《よしくに》の養子となって田村家から除籍したが、慶応三年（一八六七）十八歳で早世した。

十代　邦栄《くによし》（文久三～明治元＝一八六三～六八）

仙台藩重臣石川義光の二男。右京大夫。常盤橋門警衛を勤めた。戊辰戦争において仙台藩に従い秋田藩を攻撃したが敗戦。三千石の減封と十六歳の若さでの隠居を命ぜられた。後の明治十五年（一八八二）に再度家督を相続した。

十一代　崇顕《たかあき》（明治二年～十五年＝一八六九～八二）

石川義光の四男、邦栄の弟。右京大夫。明治二年（一八六九）二万七千石の家督を相続。同年、版籍を奉還し一関藩知事に任命された。明治四年（一八七一）、廃藩置県により最後の藩主となった。

家紋散蒔絵厨子棚

竹雀丸三引紋蒔絵簞笥

第二章 一関藩の藩政

施政は支藩として本藩の仙台藩に準じたが、江戸での幕府への奉仕は重かった。

① 家中（家臣団）のすがた

侍分・寺院・凡下（足軽・坊主・諸職人など）あわせて六七七人。
侍分の半分が俸禄三十石未満の零細な家中。俸禄の手取りは禄高の四割。
内家中・外家中など、身分格式により居住区域や屋敷地の広狭が定まっていた。

家中（家臣団）構成

家中とは藩より俸禄を支給されている「侍分《さむらいぶん》」（士分）・「寺院」・「凡下《ぼんげ》」★で、幕末の慶応二年（一八六六）で合計六七七人であった。以下、人員・禄高等は慶応二年の状況である。

（1）侍分

いわゆる士分の者で、実数は三四八人で。家門★の鈴木氏三〇貫七三五文、五百石を筆頭に、「知行取《ちぎょうどり》」と「扶持方取《ふちかたどり》」に二分される。

①禄高の階層

侍分全体では、百石以上が三二人で九パーセント、百石未満五十石以上が五六人で一六パーセント、五十石未満三十石以上が八六人で二五パーセント、三十石未満が一七四人で五〇パーセント。経済的には小藩の零細な家臣団構

▼凡下
士分として扱われない身分階層。

▼家門
藩主の一門格の家で鈴木家一家。

成を物語っている。

② 「知行取」と「扶持方取」

知行取とは俸禄が「知行高何石」と表記される者で、扶持方取とは「何人扶持」と表記される者である。一関藩では知行取であっても、実際はそれを米に換算して現米★で支給する蔵米支給であったとされるので、全家中が禄米を受給していた。

▼現米
実際の米。

知行取は侍分三四八人中一〇四人で三〇パーセント余。百石以上が三〇人、百石未満五十石以上が三七人、五十石未満三十石以上が一九人、三十石未満が一八人、家中では高禄の者が多い。仕進時期が一関移封前の家がほとんどである。

扶持方取は二四四人で侍分中の七〇パーセントを占める。石高換算(後述)で百石以上が二人、百石未満五十石以上が一九人、五十石未満三十石以上が六七人、三十石未満が一五六人で扶持方取の六四パーセント。仕進時期は一関移封後が二〇〇家はある。

総じて、知行取は、田村氏の一関移封前の古川《ふるかわ》・深谷《ふかや》・岩ケ崎における鈴木氏時代以来の古参の仕進家が多く、地方知行《じかたちぎょう》が形骸化した一関移封後も引きつづき戴いていた家格で家臣団の中枢をなし、家老・御用人・支配頭(番頭・本〆・小性頭)・馬廻組などの家臣上層を構成した。扶持方取は、鈴木氏時代からの仕進家もあるが、田村氏として三万石の内分分家となった岩沼時代の仕進家か一関移封後に採用された多数の少禄家臣で、江戸初期から前期にかけて出入りの多い階層でもあり、郡方《こおりかた》・勘定方といった民政・財政部局の実務役人が多かった。

（2）寺院

城下と江戸の一一の寺院に対して禄を支給した。主なものとしては、最高禄百石の祥雲寺は藩主田村氏の菩提寺であり、田村氏の移封にともない天和元年に岩沼より移った。江戸の東禅寺（高輪）は伊達氏や田村氏の菩提寺であり、寺中の宗法院に三人扶持（高にして十三石五斗）を給した。慈眼寺《じげんじ》は初代一関藩主田村建顕建立の祈願寺で五十石を給した。瑞川寺《ずいせんじ》は家門の鈴木家菩提寺で鈴木家とともに古川・深谷・岩ヶ崎・岩沼・一関と移り、十九石五斗二升を給し、祥雲寺・慈眼寺とあわせ三カ寺とした。願成寺《がんじょうじ》は町家の檀那寺で二十五石を給した。

（3）凡下

①足軽

ア．八手前足軽

城下足軽は「八手前足軽」と総称された。八組の手前（自家）足軽という意味で、持弓組定員二〇人、持筒組定員二六人、一丁目組並足軽定員二五人、二丁目組並足軽定員二六人、三丁目組並足軽定員二六人、四丁目組並足軽定員二六人、五丁目組並足軽定員二六人、六丁目組並足軽定員二五人の都合八組総定員二〇〇人であった。各組に二人の小頭が付いた。

足軽は三人扶持を原給として切米金《きりまいきん》がそれぞれ二分から三分の間で付加された。小頭にはさらに合力金二分が支給された。

イ. 峠村並足軽

磐井郡流《ながれ》の峠村（一関市花泉町老松）に配置された並足軽定員二二人で、城下の八手前足軽とは別に、後述の郡方《こおりかた》支配に属した。一人につき田代《ただい》九〇文、畑代《はただい》一〇文が本地《ほんち》★にて支給された。

②坊主

剃髪・法服で、主君の身の回り品の保管・出納、御用部屋の雑務、諸役人への茶や食事の給仕など、城内の雑役に従事した。一六人の記載があり三人扶持と切米金二分が標準であった。

③御膳組

藩主をはじめとする城内の食膳に関する下役。三人の記載があり三人扶持と切米金三分が標準であった。

④作事支配

諸職人で、大工八人、畳刺二人、屋根葺二人、脇棟梁一人、木羽《こば》師★一人、

▼本地
寛永検地帳に登載された田畑、以後開発された新田に対する語。

▼木羽師
屋根を葺く木羽作り師。

砂官（左官）三人、石切一人、木挽二人、張師《はり》★三人、作事方下役手木頭《てぎがしら》兼二人、作事方下役杖突《つえつき》★手木頭兼一人、御裏番一人、時太鼓打三人、脇田郷守一人の計三一人。三人扶持と切米金二分～一両が標準、人により増減があった。

⑤兵具方支配

鉄炮台金具師一人、鉄炮師二人、甲冑《かっちゅう》師二人、焰硝《えんしょう》師一人、研《とぎ》師一人の計七人。三人扶持と切米金二分が標準で人により増減があった。

⑥目付支配

御手廻り小頭一人、御手廻り六人、御駕籠三人の計一〇人。御手廻りは藩主の身近の雑用にあたる下役で三人扶持と切米金二分、小頭は合力金二分が付加された。御駕籠は三人扶持と切米金三両二分と割高であった。

⑦郡方支配

狐禅寺《こぜんじ》・日形《ひかた》・薄衣《うすぎぬ》・館ヶ崎・富沢・石巻注各御蔵所枡取《ますとり》六人、日形・石巻各蔵守二人、八幡下御蔵蔵番一人、普請方下役二人、木苗方山林方下役一人、峠村並足軽二二人、三カ郡大肝入三人の計三七人。地方《じかた》に配置された職掌である。

峠村並足軽には前述のように一人につき田代九〇文、畑代一〇文が本地にて支給され、各大肝入は金二両ずつ支給された。他の枡取・蔵守・蔵番・下

▼張師　表具師。
▼杖突　測量をする者。
注…石巻は千石船で年貢米などを江戸に送る集積所としての御蔵。

家中の各階層（慶応２年〈1866〉）

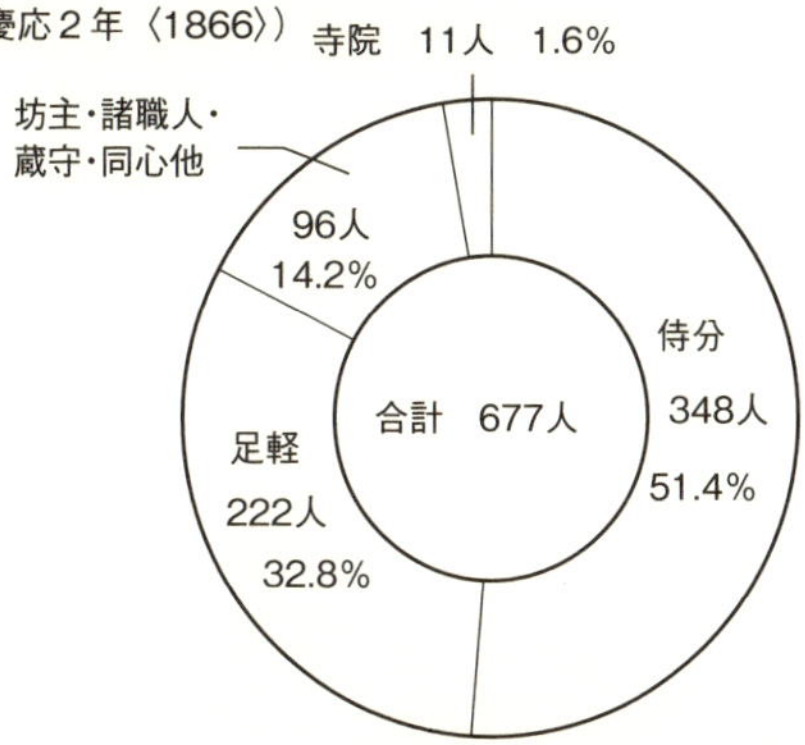

家中身分別内訳

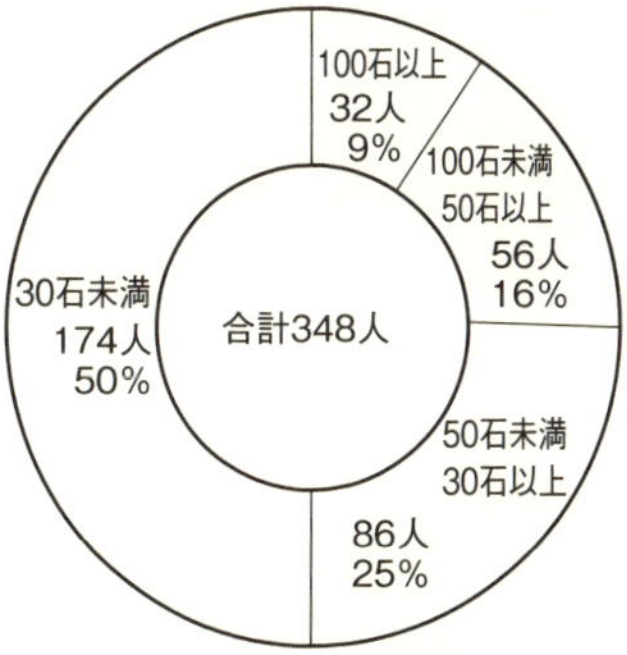

侍分全体の禄高階層

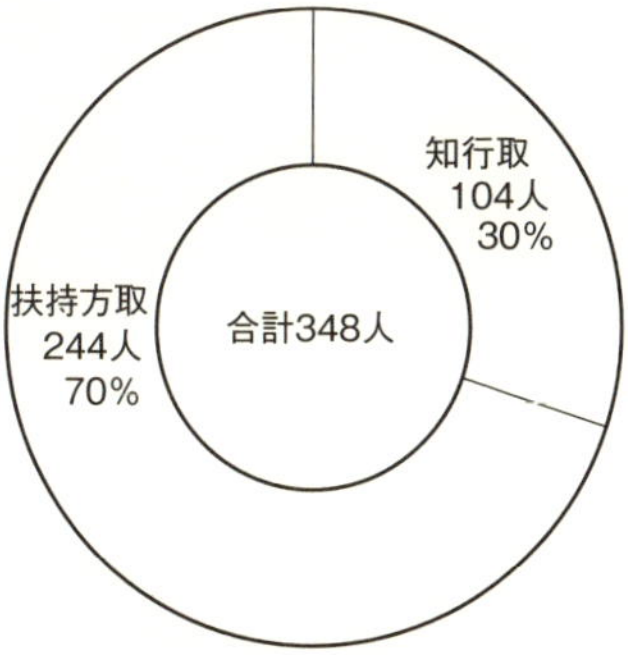

知行取と扶持方取の比率

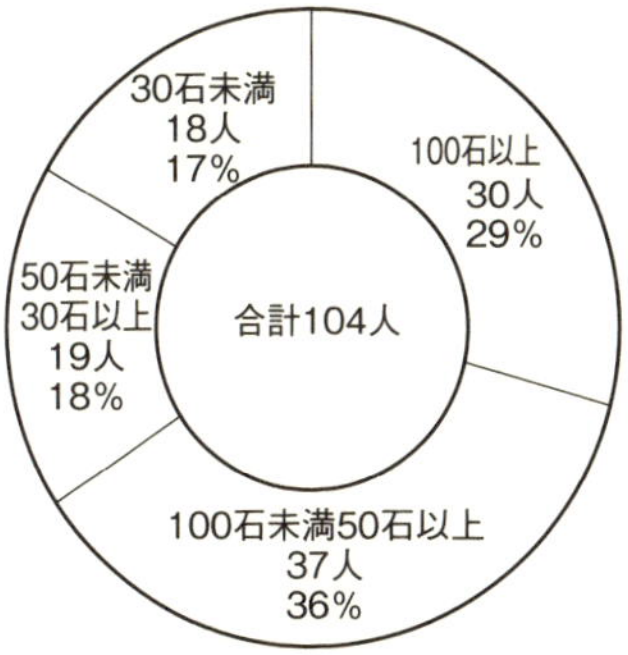

知行取の禄高階層

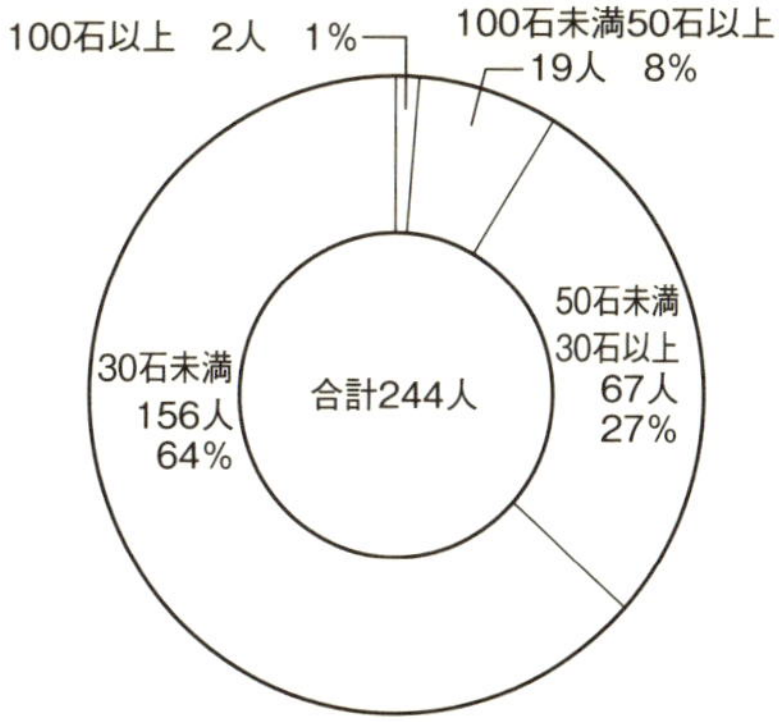

扶持方取の禄高階層

役は三人扶持と切米金二分が標準で人により増減された。

⑧馬方支配

厩小頭二人、馬取三人の計五人。馬取は馬の口取り、馬丁のこと。厩小頭は三人扶持と切米金一両一分、馬取は三人扶持と切米金三分が標準であった。

⑨町奉行支配

町同心五人、切支丹所守《きりしたんどころもり》一人、仮牢守《かりろうもり》一人の計七人で、それぞれ三人扶持と切米金二分が支給された。

⑩江戸

江戸藩邸の大納戸下役、下台所下役、下屋敷門番各一人ずつ計三人で、それぞれ三人扶持と切米金二分が支給された。

凡下に分類される者たちは合計三一八人で、俸禄は、峠村並足軽、三人の大肝入を除き、扶持米三人扶持に切米金二分を標準として人により増減があり、小頭はそれに合力金二分が付加された。

俸禄の支給基準・方法

支給基準は知行取と扶持方取で違っていた。

知行取は、「四ツ物成《よつものなり》」すなわち年貢米税率四割を前提として、知行高の四割が玄米★で支給された。百石取りの場合は四十石の玄米が下されるが、それは、一俵四斗五升入り八八俵と端米《はまい》★四斗で四十石支給された。他に、糠《ぬか》・藁《わら》・一銭懸《がけ》・詰夫《つめぶ》・入草《いりくさ》・垣結《かきゆい》代の小役代が、百石につき四貫六〇〇文支給された。

なお、進退《しんだい》帳★などの知行取の禄高表示には、貫高を石高に直すという形がとられている。「三拾貫七百三拾五文、御知行高五百石也、鈴木藤四郎殿」という具合である。仙台藩・一関藩では貫高制のなごりで、田畑は一筆一筆貫高表示の慣習が残り、知行高も貫高で表示された。しかし、貢租は〇〇貫文の田畑から〇〇石の米と大豆を納めるという現物納が主体であり、俸禄も一関藩では現米支給であったので、換算操作が必要となってくる。俸禄の換算値は、寛文十年(一六七〇)以前で一貫文は十五石、以後の新量制では十六石二斗六升八合余と算定された。

扶持方取は、一人扶持が一カ年玄米一石八斗(四俵)、切米金はその額を現金で支給された。足軽・諸職人などの標準である三人扶持切米金二分は、年間で、三人扶持分玄米五石四斗と現金二分の支給ということになる。銀子支給の場合は、一枚を金三分積もりで支給した。なお、扶持と切米とはその支給方法が違っていた(後述)。

一人扶持は、幕府の場合は、一人一日米五合として一カ月一斗五升となり年間で一石八斗とした。仙台藩・一関藩も同様で幕府に準じる地域が多かったようだが、盛岡藩では三駄(一駄は二俵)に相当し、二石二斗二升であった。

▼**玄米**
精白していない米。白米に対する語。

▼**端米**
一俵に満たない米。

▼**進退帳**
家臣の身分・俸禄などを記した、今日でいう職員録。

支給方法は、幕府の場合は、扶持米取以外は切米取で、春二月に四分の一、夏五月に四分の一、冬十月に四分の二が支給され、それぞれ春借米・夏借米・冬切米と称し、扶持米取には、毎月月割りで現米を支給した。仙台藩では、切米取は幕府と同様三回の分割支給であったらしいが、扶持米取は二・四・六・八・十・十二月の偶数月隔月六回の分割支給であった。一関藩の場合は、切米は年三回の分割、扶持米は毎月月割で、それぞれを八幡下の米蔵で現米を支給した。

なお、扶持方取を知行高に換算する場合は、一人扶持は玄米一石八斗を四ツ物成前の元高に直し、知行高四石五斗とする。切米金は金一分が玄米四斗で、これを同様に知行高一石に直す。銀子は一枚が金三分で、これを同様に知行高三石に直す。二二人扶持を超えると知行取百石に相当することとなる。

また、俵入《ひょういり》《たわら》（一俵の俵に入れる米の分量）目は、一俵に付き、知行取は四斗五升入り、扶持方取は四斗八升入りの定めとなっていた。しかし、実量は、本石《ほんこく》★一石につき口米《くちまい》★三升、欠米《かんまい》《かけ》★四升、込米《こめまい》《こみ》★目こぼれ三升、合わせて一斗を加えるのが慣例であったので、一俵は、本石四斗五升に前記口欠込米四升五合を加えて、四斗九升五合の実量とした。俵入は五升枡で九杯と十杯目の角に手を入れて五合を除いた分を加えて行った。結局、実量は四斗九升五合入りとなるので、結果的に、前記の知行取・扶持方取の俵入の差別はなかったとしている。

他地域の俵入は、幕府領は、関東で三斗五升入り（これに二升の口欠込米を加

▼本石
付加米を加えない計量どおりの石高。

▼口米
年貢高に応じて一定の比率で徴収する米。

▼欠米
年貢米を輸送する際に生じる欠損米を補充するための付加米。

▼込米
年貢米収納に際して輸送途中での減り米を考慮して、一俵につき一升から一升五合程度余分に入れておく米。

え三斗七升で俵入)、出羽国《でわのくに》村山郡で三斗七升入り、田川・由利・飽海《あくみ》郡で四斗八升入り、甲斐国《かいのくに》で三斗六升入り、陸奥国《むつのくに》磐城郡と美作国で三斗三升入り、陸奥国白川郡・福島・越後・越前・三河・遠江《とおとうみ》・駿河《するが》・美濃・丹波・但馬《たじま》・備後《びんご》で四斗入り、尾張・摂津・播磨・豊前《ぶぜん》・豊後《ぶんご》・肥後で五斗入りとまちまちで、盛岡藩は三斗七升入り。仙台藩は本石四斗五升に口欠込米四升五合を加え四斗九升五合俵に仕立てたので、一関藩はこれに準じたものであろう。このように、俵入は各領で多様であった。

そして、俵入される米は玄米であるが、仙台藩・一関藩の場合は六合摺《ろくごうずり》(一升の籾米を摺って六合の玄米にする)であったが、幕府領をはじめとして、「往古より平均五合摺の勘定を通方とす」「平準して五合摺の定法」などといい、五合摺が標準として考えられていたようだ。

このような俸禄は、原則的に、家禄として代々引き継がれていったが、家督の相続にともなって、先祖の時代の加増分を減俸するということが行われた。一般に世減《せげん》制といわれるもので、一関藩では継立減《つぎたてべり》といった。昇進による加増という家臣団の評価は人材登用・人事管理上不可欠であるが、それが継続されていけば、人件費支出は増加する一方である。継立減と役職についたときのみ支給された役料は、税収増加が見込めない中で、俸禄総額をおさえながら昇進や役職就任による家臣の支出負担を賄い、人事管理を円滑に行う方法であった。

主な役職と役料

○家老

藩主のもとにあって藩政を指導・総轄する最高責任者。俸禄に加えて支給される役職手当ともいうべき役料は、国家老・江戸家老ともに三百石であった。

○御用人

家老を補佐し藩政を指導・総轄した。家老と御用人で「会席」を構成し、政策を立案し決裁した。役料は、国許《くにもと》御用人が百七十石、江戸御用人が二百石であった。

○番　頭《ばんがしら》

御用人のもとにあって、会席の命によって軍事組織である各番方《ばんかた》を管轄した。役料は、国許番頭が百十石、江戸番頭が百五十石であった。

○本〆《もとじめ》

御用人のもとにあって、会席の命によって民政および財政部局を管轄した。役料は、国許本〆が百二十石、江戸本〆が百五十石であった。

○小性　頭《こしょうがしら》

御用人のもとにあって、会席の命によって馬廻組《うままわり》・大小性組《おおこしょう》・中小性《ちゅうこしょう》組の藩主親衛隊を管轄した。役料は、国許小性頭が百石、江戸小性頭が百三十石であった。

なお、番頭・本〆・小性頭を三支配頭といった。一関藩では小姓と書かず小性と書いた。

○奉薬

藩医の最上席にあたり、藩主を直接診察する地位にあった。役料は、国許奉薬が八十石、江戸奉薬が百十石であった。

○江戸留守居《るすい》

江戸家老のもとにあり、幕府や他大名また蔵元商人との江戸での外交、藩主の家族の生活、江戸藩邸の運営などの実務を総轄した。役料は八十六石五斗であった。

○町奉行《まちぶぎょう》

城下の治安・警察・裁判、町政の指揮・監督にあたった。役料は七十石であった。

○目付《めつけ》

家中の監察、領内の治安維持、諸情報の収集・分析にあたった。役料は、国許目付が七十石、江戸目付が百石であった。

○物　頭《ものがしら》

　足軽を統轄した。役料は、国許物頭が六十石、江戸物頭が九十石であった。

○郡代《ぐんだい》

　本〆のもとにあって代官を指揮して、民政や徴税を担当する郡方《こおりかた》を統轄した。役料は六十七石であった。

○勘定　頭《かんじょうがしら》

　本〆のもとにあって、財政実務を担当する勘定方を統轄した。役料は三十六石五斗であった。

○代官

　郡代のもとにあって、大肝入を指揮して村方の行政指導や年貢・諸税の収納にあたった。役料は二十四石であった（「原田家文書」）。

江戸詰の場合は諸経費がかさむので割り増しとなっていた。

役付の者の支給は足高《たしだか》が基準で、たとえば家禄百五十石の沼田家が家老に就任すれば、在職中は百五十石を足高にして、家老の役高三百石にして支給するというものであった。また下級役人で役料が二人扶持などという薄給のものは家禄に役料が加算された。

居住区域

（1）侍分

藩主田村氏居館の北と東の隣接部、城下の北と東の外縁部、田村氏居館南背面の釣山《つりやま》の裏手の脇田郷《わきだっこ》（現在は「わきたごう」という）、城下南西端の迫《はさま》街道出口の祥雲寺下と長昌院下に展開していた。通りの名と居住区名を兼ねた呼称に「〇〇小路《こうじ》」とつく区域（脇田郷・祥雲寺下・長昌院下を除いて）である。足軽・諸職人・町屋の「凡下」層の「〇〇町《まち》」とは呼称で区別した。

また、外堀の役割を果たした五間堀の内外による区分があり、藩主居館からみてその内側である北と東の隣接部を内家中《うちかちゅう》、その外側である北と東の外縁部を外家中《そとかちゅう》と呼んだ。内家中は田村氏移封前にすでに開創されていた区域で、外家中は移封後畑を潰して開創した区域と言い伝えられている。

内家中は広小路・中小路・川小路・八幡小路で、禄高（石高換算高）では、百石以上の侍はほとんどがこの区域の広小路を中心とした部分に居住した。五十石以上の大部分が内家中で、俸禄支給形態からみると家格の高い知行取のほとんどが内家中である。また、田村氏への仕進時期も前述のとおり知行取の家格と連動するので、一関移封前に田村氏に仕進した古参家臣が内家中に多い。役職上も家老をはじめ要職者は内家中に集中していた。内家中・高禄・知行取・一関移封前仕進・要職はほぼ連動するが、五十石未満、三十石未満でも内家中である者が相当数ある。それらに一関移封前の古参仕進家臣が目立つことをみれば、微禄でも一関移封前仕進ということが、家格のひとつとして居住区域に反映したものと考えられる。

外家中は、外縁部北側の下《しも》小路・桜小路・大槻小路・慈眼寺《じげんじ》小路・新小路と東側の表吸川《おもてすいがわ》小路・裏《うら》吸川小路・五十人町の東半、そして、田村氏居館裏手の脇田郷、城下南西端の祥雲寺下と長昌院下である。禄高では、百石未満五十石以上の者が散見されるが、ほとんどが五十石未満であり、三十石未満の微禄者が圧倒的となっている。俸禄支給形態は扶持方取がほとんどである。田村氏への仕進時期は一関移封後がほとんどで、役職は組士・諸役方・財用吏といった平侍《ひらざむらい》である。外家中・少禄・扶持方取・一関移封後仕進・平侍はほぼ連動するが例外も見られる。磐《いわ》根《ね》家は二百石の知行取であるが外家中である。磐根家は元来藩の御用達商人で菅原屋を称したが、藩への財政的貢献で、文政六年(一八二三)に磐根姓を下賜されて侍分に列した。財政的貢献で高禄であったが、商家出身の新参ということが、家格のひとつとして居住区域に反映されたものと考えられる。

内家中・外家中間を移動した例がある。藩医建部《たけべ》清庵《せいあん》は享保二年(一七一七)に初代元水が十五人扶持と切米金一枚で召し抱えられた。二代由正の宝暦七年(一七五七)頃、積年の医業と宝暦の飢饉時の救荒に尽くす姿が認められ、百十石の知行取、御目付格となった。この時、外家中の裏吸川小路から内家中の川小路に屋敷替えとなった。後の嘉永二年(一八四九)に、建部家はさらに内家中の大手門内南側に屋敷替えとなるが、川小路屋敷には外家中の桜小路から藩医の佐々木僊庵《せんあん》が移った。僊庵は藩医学校の慎済館《しんせいかん》総裁となったことによる屋敷替えであった。増禄・知行取・家格上昇・要職昇進が外家中から内家中への居住区域の変更へと連動した例である。

(2) 凡下

①足軽

ア．八手前足軽

城下在住の「八手前足軽」は、持弓組二〇人が北東端の五十人町に、持筒組二六人が奥州道中(街道)南端の千刈田新五十人町に、さらに並足軽六組が百人町に配置された。持筒組ははじめ五十人町にいたが享保十二年(一七二七)七月の大水害後に千刈田に移ったとされる。五十人町の町名は持弓組と持筒組を合わせた当初の人数からであろう。百人町は五間堀の外側の奥州道中沿いの南側で、その北に大町・地主町とつづく町屋が構成された。大町との境の北側が一丁目で南へ向かって六丁目まであり、そこの足軽は丁名を冠してそれぞれ「〇丁目組並足軽」と呼ばれた。

イ．峠村並足軽

前述のように磐井郡流《ながれ》の峠村（一関市花泉町老松）に二二人配置。北上川舟運の拠点のひとつである日形《ひかた》御蔵（一関市花泉町日形）へ続く街道沿いに配置され、その区域は「御組《おくみ》」と呼ばれた。文化五年（一八〇八）に配置されたものという（「分限帳」）。

②諸職人その他

城下東端の吸川縁の正覚寺を挟んで、その北側柳橋までの職人町とその南側の牢町に、作事支配の大工・畳刺・屋根葺・脇棟梁・木羽師・砂官（左官）・張師（表具師）、兵具方支配の鉄炮台金具師・鉄炮師が居住した。北端の岩井川橋（または大橋、現在の磐井橋）から焔硝製場の間に同心町があり、同心五人が居住していた。

屋敷割り

身分・格式により屋敷地の広狭が定められていた。享保期（一七一六〜一七三六）頃に作成された「御家中《ごかちゅう》屋敷地《やしきち》被下候《くだされそうろう》御定《おさだめ》」（「原田家文書」）には以下のように規定されている。

六百石以下　　九〇〇坪

五百石以下	七五〇坪
四百石以下	六〇〇坪
三百石以下	五五〇坪
二百石以下	五〇〇坪
九十九石以下	四二五坪
四十九石以下	三七五坪

表（間口）六間、裏（奥行）二五間　坊主・足軽・諸職人・町同心迄

このように明確に階層化されているのがわかる。実際にもおおむねこのような傾向がみてとれるが、明治初期に地租改正事業にともない申告された数値と実測値によれば、右の規定が必ずしも厳密ではなかったことがわかっている。

②江戸での勤務

参勤交代で二泊二日の距離にある江戸。藩邸は芝愛宕下の上屋敷と中屋敷、青山百人町の下屋敷の三つ。幕府への奉仕は、江戸城諸門の警衛、火消・火の番、勅使・院使の御馳走役、芝口門や高輪大木戸の建設など、金はいくらあっても足りず。

参勤交代

一関藩の参勤交代の時期は四月であったので、江戸へ上る場合は三月二十日過ぎには一関を出発した。奥州道中をまっすぐに南下して通常一一泊一二日の行程であった。弘化三年(一八四六)の出府の際の宿泊は①古川（宮城）②仙台（宮城）③大河原（宮城）④桑折《こおり》（福島）⑤二本松（福島）⑥須賀川（福島）⑦芦野（栃木）⑧喜連川《きつれがわ》（栃木）⑨小金井（栃木）⑩幸手《さって》（埼玉）⑪千住（足立区）であった。また、人数は、天保二年(一八三一)の帰国の際は、家中四八人、家中従者四九人、諸道具持ちなどを合わせ、総人数二一八人、馬三匹であった。

大名は宿泊や休憩には各宿の本陣を使用するが、藩からは事前に本陣にあてて文書で先触《さきぶれ》が達せられ、大名名と宿泊・休憩の別を墨書した木札である関札《せきふだ》が送付された。

藩邸

江戸には上《かみ》屋敷・中《なか》屋敷・下《しも》屋敷の三つの藩邸があった。上屋敷には藩主やその家族が住み公邸や役所の役割があり、中屋敷には隠居した藩主や継嗣の住居、また、上屋敷が罹災したときの予備の屋敷としての役割、下屋敷には国許《くにもと》からの回送物資の集積場や庭園などを設け休息用の別邸としての役割などがあった。

一関藩の上屋敷は芝愛宕下《しばあたごした》の広小路（大名小路）にあり、敷地面積は三四四〇坪（約一万一三五二平方メートル）余あった。現在の港区新橋四丁目にあたり、「浅野《あさの》内匠頭《たくみのかみ》終焉《しゅうえん》之《の》地《ち》」の石碑が建っている。中屋敷は上屋敷の西方三〇〇メートルほどの同じく芝愛宕下の神保小路にあり、敷地面積は一四七六坪（約四八七〇平方メートル）余あった。現在の港区西新橋二丁目にあたる。下屋敷は青山百人町にあり、敷地面積は三九四〇坪（約一万三〇〇二平方メートル）余あった。現在の港区北青山三丁目、青山通りをはさんで青山学院大学の筋向かいにあたる。

ちなみに、青山百人町通りを挟んだ向かい側には、高野長英が嘉永三年（一八五〇）に捕り方に襲われて自刃した、同心小島助次郎の屋敷があった。長英は小島の屋敷内に借宅して、偽名で潜伏し町医をしていた。出身地である仙台藩領水沢（奥州市）の南わずか二〇数キロメートルに位置する仙台支藩の、江戸下屋敷の

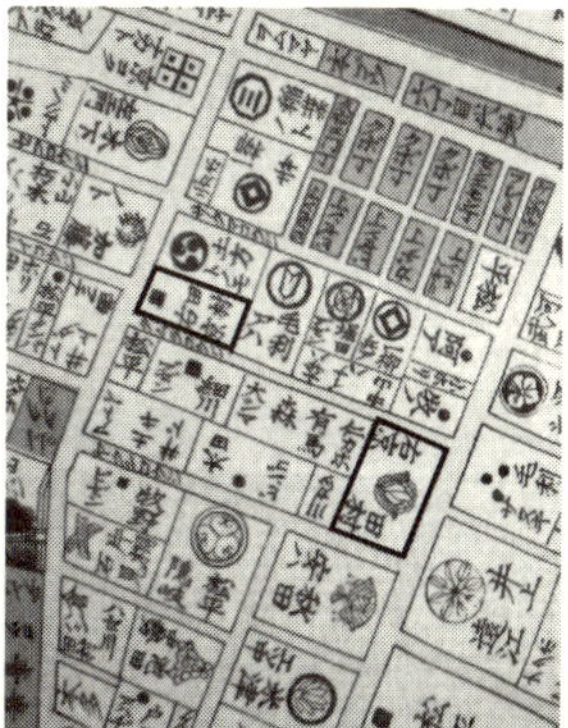

一関藩の上屋敷（右）と中屋敷（左）

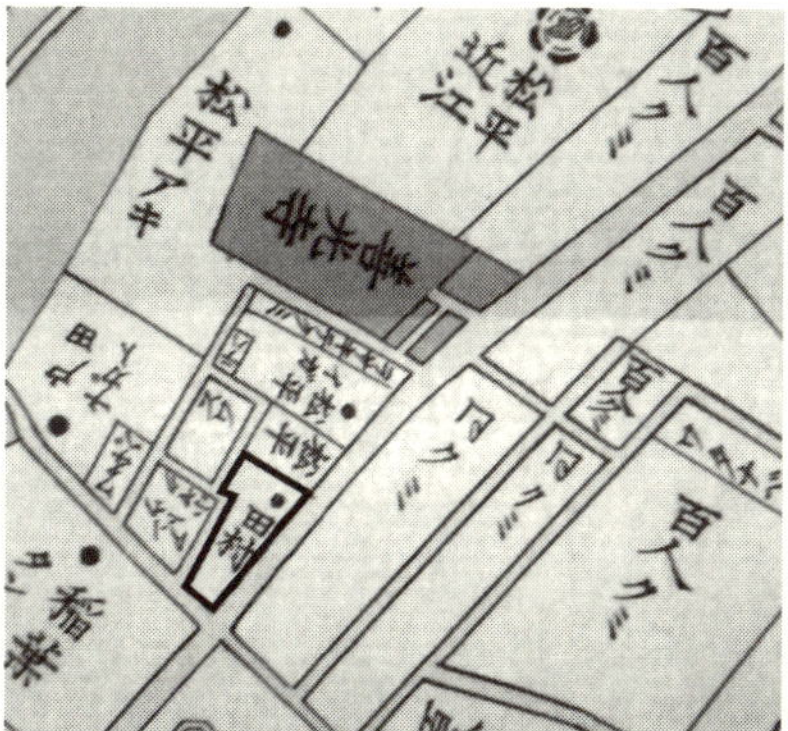

一関藩の下屋敷

まん前に潜伏するとは、まさに、「灯台下暗《もと》し」をついた長英の大胆なねらいであったのだろうか。

なお、江戸は火事が多く、享保二年(一七一七)に中屋敷、同十六年(一七三一)に上屋敷と中屋敷、嘉永三年(一八五〇)には再び上屋敷と中屋敷がそれぞれ類焼し焼失した。芝愛宕下の上屋敷と中屋敷は二～三度建て替えられているわけである。

幕府への勤仕

公務と称していた幕府への奉仕は、江戸城諸門の警衛、火消・火の番、勅使・院使の御馳走役、土木普請などであった。

これらのうち、江戸城諸門の警備と火消・火の番は各代にわたり恒常的な勤務であり、神田橋門は侍・足軽など七〇人、常磐橋門は五七人が詰め、鉄炮一〇挺、弓五張、長柄鑓一〇筋、持筒二挺、持弓一組を装備した(『江戸時代制度の研究』)。城門警備は神田橋門と常盤橋門の警衛が交互に命ぜられるのが常であった。火消・火の番は大手組・桜田組などの方角《ほうがく》火消が命ぜられた。宝暦年間(一七五一～一七六四)の「火消行列図巻」が残っており、前後が欠けているが、藩主を中心に火消装束に身を固めた二二〇余名が火消道具とともに描かれている。寛政二年(一七九〇)六月の桜田組方角火消の人数は、騎馬七騎、侍二六人、足軽五一人を

火消行列図巻

はじめ総勢夜二五五人、昼二〇八人であった(「桜田組御防御行列帳」)。勅使・院使の御馳走役は各代必ず一度はめぐってくる仕事で、二代誠顕は三度、三代村顕は二度勤めた。土木普請手伝いは、二代誠顕時代の宝永七年(一七一〇)に芝口門(享保九年焼失)と高輪大木戸(大木戸跡は現存、東京都港区高輪二丁目、都営浅草線泉岳寺駅前、国指定史跡)の築造、六代宗顕時代の文化十四年(一八一七)に富士川の改修工事を行っている。

これらの経費は命ぜられた藩の負担になるが、文政十二年(一八二九)の勅使御馳走役の際には、本藩仙台藩より三三〇〇両の援助を受けた。芝口門と高輪大木戸の築造では、五〇〇〇両を負担したがこれも仙台藩からの援助を受けた。富士川改修では、四四〇〇両余の経費がかかったが仙台藩から二五〇〇両の援助があった。工事の場合は、割り当てられた普請場に監督・警備の家臣を派遣し、人足賃を主とする経費を大名の高に応じて負担する仕組みであった。神田橋門と常盤橋門の警衛では一カ月に金五〇両と米二五俵、本所御蔵の火の番では同じく金四〇両と米二〇俵を仙台藩から受けた(「原田家文書」)。小藩の財政では大変な負担であり、独自の支出はできなかったので、仙台藩からの援助は前提条件であり恒例のことであった。また、これらを果たすことは政治的にも重要で、芝口門と高輪大木戸の築造のときは、家老以下の主立った家臣は祈禱と守り札を受けている(「御家御年代記」)。

高輪大木戸跡

③ 民政のしくみ

三つの代官区に代官―大肝入―肝入―組頭―各百姓の地方行政システム。

高札や各種文書といった文字による支配、文書行政が展開された。

人数改めや五人組制度によって戸籍の管理や年貢の確保がなされ、買米制度により米中心の農業構造ができあがった。

庶民支配の機構

領民の支配は、家老と御用人の会席で策定され藩主の決裁を得た政策が、民政・財政の責任者の本〆《もとじめ》に下り、地方《じかた》行政担当部局である郡方《こおりかた》の長である郡代《ぐんだい》をとおして、各代官によって実施されることによってなされた。一関藩の代官区は、西岩井・流《ながれ》・東山の三区で、栗原郡の二カ村は西岩井代官区に編入されていた。そして、各代官のもとに一人ずつ百姓身分の大肝入《おおきもいり》が置かれ、管轄区の民政の実務を執り行った。以下、大肝入の指揮を受けて、各村の村役人が村政事務を執り行った。村役人は肝入が村を束ね、村は五人組ごとに掌握されて、五人組には五人組頭が置かれた。この、代官―大肝入―肝入―組頭―各百姓という地方行政システムは仙台藩と全く同様であった。組頭にはもうひとつ高組頭《たか》というものが置かれた。五人組とは別に組織された納税のための高組の頭として納税事務をこなした。仙台藩では同様のものを大組頭と称した。
また、町方《まちかた》には検断が置かれ、町役《まちやく》（町人が負担した町税）の徴収や問屋場《といやば》（各宿駅で物資輸送の人足や馬の継ぎ立てを行った施設）における人馬の管理などの町政をとりまとめた。

［仙台藩］
奉行――出入司《しゅつにゅうつかさ》――郡奉行――代官――大肝入――肝入――五人組頭
　　　　　　　　　　　　　　　　　　　　　└検断(町場)――大組頭

［一関藩］
家老――御用人――本〆《もとじめ》――郡代――代官――大肝入――肝入――五人組頭
　　　　　　　　　　　　　　　　　　　　　　　└検断(町場)――高組頭

民政支配機構図

文字による支配―高札と文書―

高札《こうさつ》とは木の札に墨で書かれたお触《ふれ》で、鎌倉時代から用いられ、江戸時代には全国の津々浦々に掲示されていた。高札を掲示した高札場《こうさつば》は、一関藩領を含む仙台藩領には二百三十余カ所あり、石垣組みで矢来《やらい》★をめぐらし、板葺き屋根をか

▼矢来
木組みの囲い。

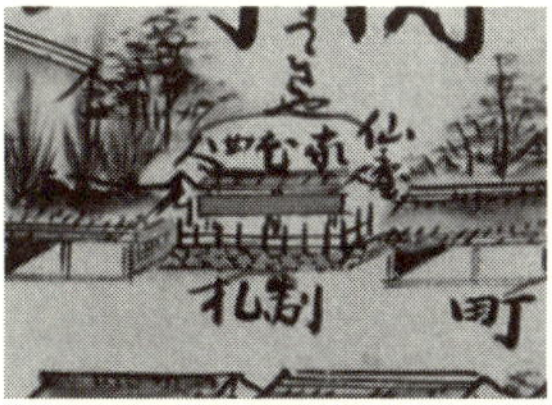
一関城下地主町の高札場（増補行程記）

けた堂々たる造りのものであった。仙台藩のある在方の高札場は、間口三間（約五・四メートル）、奥行七尺（約二・一メートル）、高さ一丈一尺（約三・三メートル）もあった。このような高札場に、多いところでは七〜八枚もの高札が所せましと掲示されていた。また、寄付金集めや物乞いなどの入村を禁ずる勧進《かんじん》制札が村の入口などに立てられた。

江戸時代には、文書が行政支配の効率的な手段として導入されたので、それが支配の頂点から末端まで確実に伝達されるシステムが構築された。幕府からの指令は、幕府↓大名↓国許と家臣や飛脚を使って伝達され、一関藩の場合は、家老・御用人↓目付↓本〆↓郡代↓代官↓大肝入↓肝入↓百姓という地方行政機構上のルートによって確実に伝達された。ちなみに文書の伝達所要日数は、仙台藩の遠隔地である気仙郡《けせんぐん》までの宝暦の改元情報伝達を例にとれば、京都の朝廷での改元年号決定からはトータル二十四日、幕府の発表からは十八日、仙台藩庁からは十一日で末端まで到達している。

人数改め

江戸幕府がキリシタンを摘発するために設けた制度の代表的なものに宗門改めがあった。これは、毎年各戸の家族全員を調査し、キリシタンでない旨を旦那

勧進制札

寺が証明し、仏教徒として登録するものであった。この台帳に戸口調査の要素が加わり、宗門人別《しゅうもんにんべつ》改《あらため》帳《ちょう》というものが作成された。仙台藩では、「人数《にんずう》御《お》改《あらため》帳《ちょう》」といい、支藩である一関藩も同じ制度によって実施した。仙台藩で人数改帳の記載様式が統一されたのは享保十四年(一七二九)で、幕府の全国的な命令を受けてのことであった。調査項目は、所属仏教宗派、家族の名前、戸主との続柄、年齢、家の持高《もちだか》★であった。

人数改めは、毎年二月一日が人数調査の締め切りであったので、それまでに村の肝入方で各五人組頭が付き添って改めた。その結果を、肝入が人数改帳にして、大肝入に提出し、さらに代官を経由して藩に提出された。肝入は、村の控えとして、また、次年度の人数改帳作成の基本台帳として使用するために、副本をもう一部作成して保管したので、何十年分もの村の戸口調査簿である人数改帳が今日まで残ることになった。藩に提出された正本のほうは、現在の役所と同じように公文書の保存期限があったため、廃棄されて残っていない。

五人組制度

五人組は、近隣の数戸から十数戸を一組として編成された、年貢納税の連帯責任を主要機能とする村内組織であった。

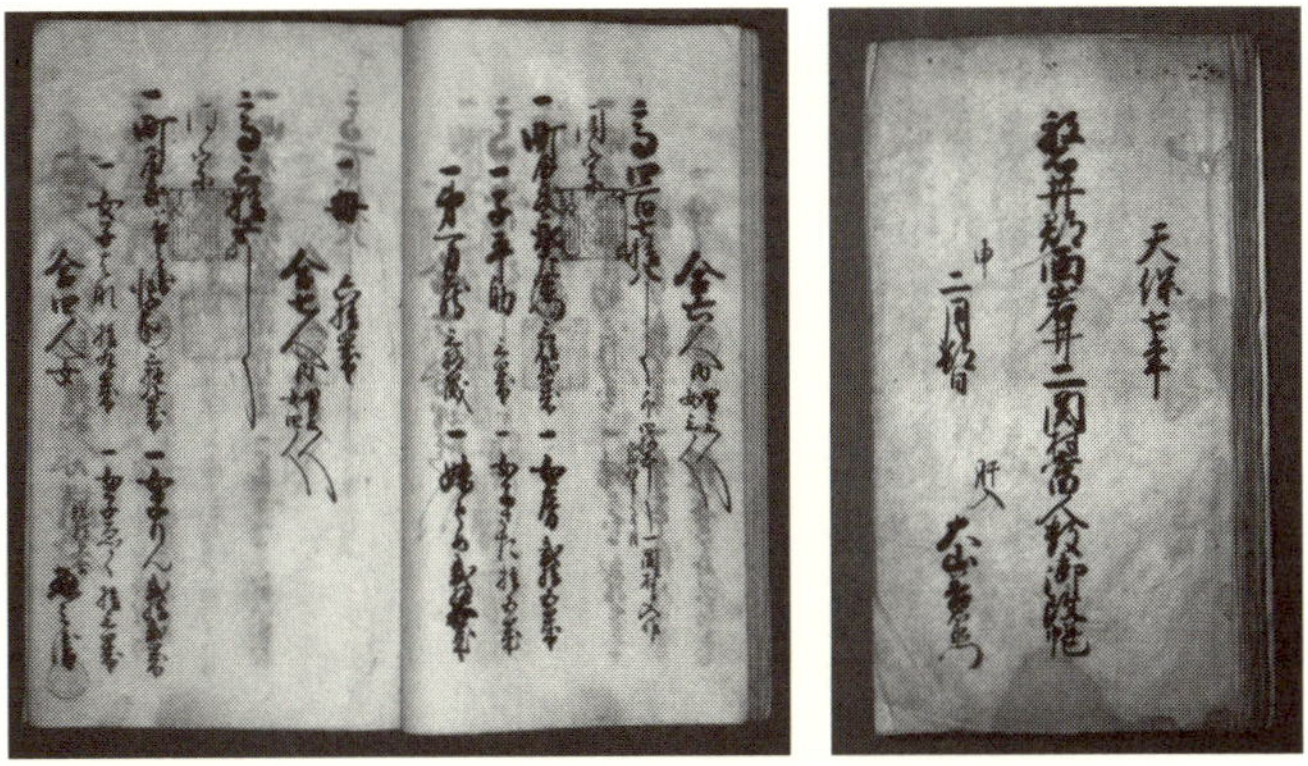

人数改帳

村方《むらかた》では、江戸時代の前期の十七世紀には五戸一組であったが、享保頃(十八世紀前期)から、藩の政策によって本百姓が増加し、一組の人数が増えた。一組の構成百姓の持高の合計＝組高が五貫文（五十石）以上で、できるだけ余裕がでるように組まれていた。

町方の「五人組」は、奥州道中に沿った、軒を接した横並びの編成であった。村方と同じように当初は五戸一組であったが、戸数が増えるに従い一組の人数が増えた。町屋は「一軒屋敷」と「半軒屋敷」があったが、組内各戸の軒数合計が五軒になるように編成された。たとえば、ある組の構成戸が一軒屋敷三戸、半軒屋敷四戸であったとすれば、軒数合計五軒となるので、この七戸で一組となる。

村方の年貢は持高に賦課され、町方の町役は一軒屋敷を基準に賦課されたので、連帯責任を負える組高あるいは軒数が必要であった。よって十八世紀以降は五戸で一組とはならなかった。

また、町方には「向三軒両隣《むこうさんげんりょうどなり》」という奥州道中を挟んだ向こう三軒両隣六戸による別の連帯責任の組み合わせがあり、こちらは藩の禁制などの相互監視機能を負わせられた。

宗教政策と切支丹

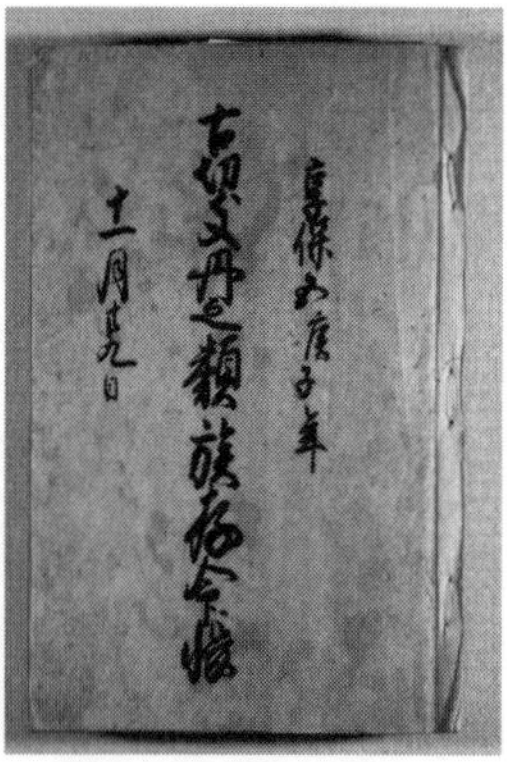

切支丹類族存命帳

江戸時代はキリスト教やその信者を切支丹《きりしたん》といった。これはポルトガル語を原語とする外来語であった。一関周辺の仙台藩領でも、元和三年(一六一七)に四百五十余名のキリシタンがいたという報告がある。胆沢郡の後藤寿庵や磐井郡の東山大籠村《おおかご》(藤沢町大籠)のキリシタンが有名である。寿庵は仙台藩士で、胆沢平野を灌漑し大規模な新田開発をしたことでも知られており、現地に残る寿庵堰がその功績を今に伝えている。その後、キリスト教は禁止され、徹底して弾圧され、寿庵も行方を絶った。しかし、隠れキリシタンとなって地下信仰をつづける者もおり、なかなか信仰を根絶やしにすることは難しかった。

そこで、幕府は対策のひとつとして、貞享四年(一六八七)に切支丹《きりしたん》類族調《るいぞくしらべ》を創始し根絶化を図った。それは、転宗したキリシタン本人を古切支丹《こきりしたん》とし、血族・縁者を類族として、だいたい四親等までの生業・生死・生活状態を毎年調査し登録したのであった。帳簿も、生存者の「存命帳」と死亡者の「死失帳」の二種類作成して、徹底して子孫まで監視をつづけた。類族調は、幕府のキリシタン対策の諸制度のうち、最後に成立した根絶策とされ、上記のように子孫まで厳重な監視下に置かれたため、信仰を継続することは至難であった。こうして、江戸時代中期以降には、キリシタンはほぼ一掃され、明治六年(一八七三)のキリスト教解禁まで、日本における本質的な意味でのキリスト教信仰は成立しなかった。

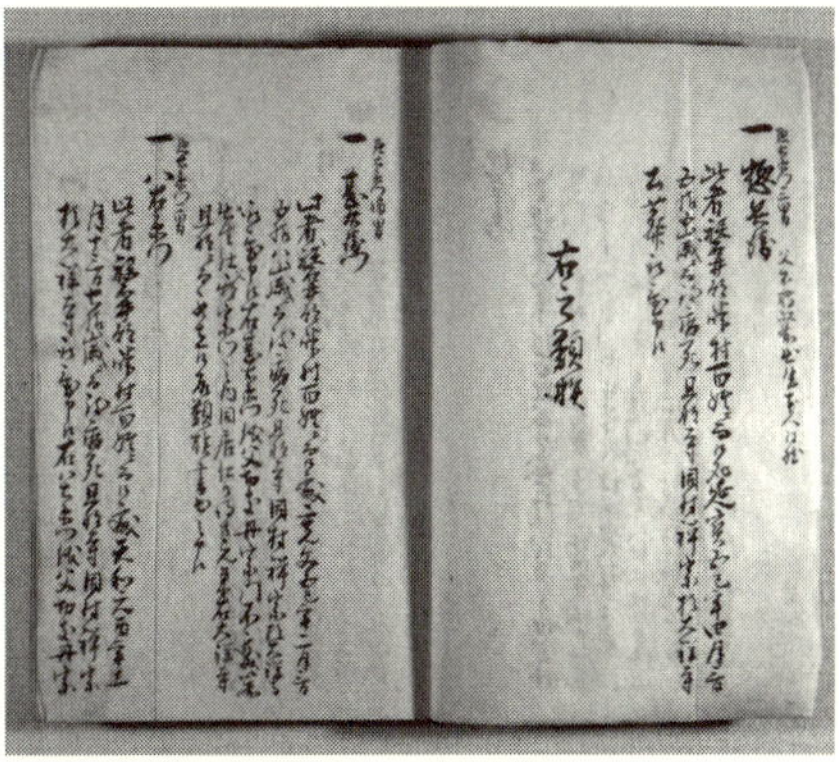
切支丹類族死失帳

4 治安の維持

刀剣はもちろん毎年の鉄炮改めなど、庶民の世界で武器は徹底して管理された。村の事件は肝入を中心に村方が責任を持って初期処理がなされた。裁判は詮議所で段階を追って行われ、死刑・謹慎刑・禁固刑・追放刑・流刑が科された。

鉄炮改め

江戸時代は庶民が刀を携帯することは原則として禁止されており、それらは武士階級の特権であった。百姓・町人が献金などで帯刀御免となることはあったが、それ以上に、飛び道具の鉄炮（火縄銃）は厳重に管理されており、関所における重要詮議事項としての「入《い》り鉄炮《でっぽう》に出女《でおんな》★」ということばはそれを象徴するものとして有名であった。

領主による鉄炮の管理は村々まで徹底してなされた。仙台藩や一関藩でも「鉄炮改め」が毎年実施された。一般村民については、五人組頭が改め、全人頭《にんとう》★に所持していない旨の署名・捺印をさせ、各組頭・肝入・大肝入の署名・捺印をした村ごとの「鉄炮改帳」を毎年二月一日付けで代官に提出した。しかし、例外として山立猟師《やまだちりょうし》★の鉄炮所持は届け出・許可制で認められていた。その許可条件は、①

▼「入り鉄炮に出女」
江戸に持ちこまれる鉄炮と江戸から出る女性を関所において厳しく監視したこと。鉄炮は謀反に用いられるのを防ぐため、女性は江戸住まいを義務付けられている大名の妻が変装して脱出するのを防ぐためであった。

▼人頭
戸主。

▼山立猟師
火縄銃で狩猟をした猟師。

狩猟に限り、悪事に用いた場合は肝入・五人組の連帯責任、②他人はもちろん親子兄弟へも貸すことの禁止、他人に雇われて発砲することの禁止、③損傷して持ち替えるときは届け出ること、寸尺や玉目（弾丸の重量で、口径の大小をあらわした）が同じ物に替えるのでも届け出ること、④他村に出て狩猟するときは届け出ること、⑤死去や老齢化・病気で狩猟ができなくなったときは鉄炮・小道具とも許可書とともに大肝入に返還し後継者を願い出ること、⑥他村へ転住する場合は鉄炮・小道具とも許可書とともに大肝入に返還し、改めて願い出ること、⑦所持鉄炮について何か問題が生じたときは早速届け出ること。このように厳格な条件で許可された山立猟師も毎年十一月に、所持鉄炮数と玉目を所持者ごとに改められ、一般村民とは別に、「山立猟師鉄炮改帳」に記載されて代官に提出された。

犯罪人の逮捕

城下には町奉行や同心・目明《めあかし》がいて、被差別民の小屋主《こやぬし》（乞食）が見回りや捕り方に動員された。小屋主は磐井川原に住んでいたハンセン病者などで、物乞いなどで生活していた。物乞いの侍小路への立ち入りは禁止されていたが、治安の悪化にともない家中・町方とともに城下の見回りを命じられた。ある時、侍小路を徘徊していた他領から入りこんだ「胡乱《うろん》なる者★」をつかまえ同心へ通報した。

▼胡乱なる者
不審者。

町奉行は、今後見回りの励みにもなるので、町方ばかりでも月に一度の物乞いを許してもらいたい旨上層部へ上申した。安永(十八世紀後期)頃の話である。犯罪人をつかまえたときには、褒美として銭一貫文ほどが与えられた。

また、逃亡者が出た場合は、徒目付《かちめつけ》・横目《よこめ》や並足軽が、仙台藩と他領との国境である相去《あいさり》（盛岡藩境）・越河《こすごう》（福島藩境）・新地駒ケ嶺（相馬中村藩境）・尿前《しとまえ》（新庄藩境）・石巻（太平洋岸）・水山須川（秋田藩境）まで、それぞれ追っ手として派遣された。親類縁者が同様に国境まで追った場合もあった。

村の百姓同士の傷害事件などは、肝入が犯人を逮捕して番人をつけて監禁し、事件や被害者のけがの状況の詳細を調べて、犯人の戸籍調書を添えて、大肝入に対して見分方を願い出た。また、百姓が打首・獄門（さらし首）になった時は、死刑の後犯人の田畑・家財は闕所《けっしょ》★になり、代わりの者の選定が肝入に命ぜられた。村で事件が起こった場合は、犯人の逮捕・監禁、調書作成といった初期の処理には村方が肝入を中心として責任を持って処理し、残された田畑についても年貢納入義務の観点から村方が責任を負わされた。

▼闕所　没収。

裁判と刑罰

仙台藩において自分仕置《じぶんしおき》は厳禁であった。自分仕置というのは、在地の領主が自分の権限で支配下の百姓・町人を死罪や追放に処することである。仙台藩は、地方知行制《じかたちぎょう》といって家臣団に領地を与えていたので、一万石をこえる大名級の者や何千石という大身の者が二十数家もあった。そのような重臣でも、それは藩主伊達氏の権限に帰属した。一関藩は仙台藩に対して従属性の強い内分分家支藩であったが、自分仕置権が認められており、独自に裁判や刑の執行ができ報告義務もなかった。また、本藩が一関藩領の百姓・町人を逮捕拘束した場合は、裁判や量刑は本藩が行い、身柄は一関藩へ引き渡すことになっていた。領民に対する裁判権を認めた分家大名への処遇であった。

犯罪人のいわゆる審理・裁判は、仙台藩の「評定所格式」を国法と位置づけて、これに拠って遂行された。場所は城下八幡小路の南端の八幡下御蔵（現一関学院高校）の向かいにあった詮議所で行われた。一関には町奉行所がなかったので、詮議所は町奉行所の機能も兼ね町奉行の執務所でもあった。これらの過程は、取り調べにあたる穿鑿《せんさく》、量刑を勘案し起訴状作成を行う立合《たちあい》、裁判にあたる評定《ひょうじょう》の三段階からなっていた仙台藩にならって行われた。各段階の内容は、一関藩独自の審理・裁判規定はないので、仙台藩の場合をあてはめれば以下のようになろう。穿鑿は町奉行・詮議方役人と目付が同席した。被疑者の格に応じて被疑者宅、詮議所の座敷、白州と場所が分かれた。立合は本〆・町奉行・郡代・目付の財政・町方・郡方・家中取り締まりの各責任者が同席した。評定は家老・本〆・町奉行・

目付が同席し、被疑者等は白州にひかえた。町奉行が詮議の筋を述べ一段下がって尋問し、家老以下の面々がそれぞれ疑義をただした。

なお、これらの過程での拷問はしないというのが原則であり、行う場合は徒目《かちめ》付《つけ》が勤めた。

犯罪人の処置

刑罰は江戸時代一般に行われた死刑・謹慎刑・禁固刑・追放刑・流刑《るけい》などであり、特異なものはないが、地域的に特色があるとすれば追放刑と流刑であろう。

追放刑は量刑により遠近があった。「所払い」や「村追放」は居所や居村の追放、「二郡追放」は一関藩領の西岩井・流・東山の三代官区住民は居住区外に追放、「末野切《すえのぎり》追放」は栗原郡末野村（一関藩領有壁村の南隣の仙台藩領、一関城下から南へ約八キロメートル）までの追放、「古川切追放」は志太郡古川（仙台藩領、一関城下から南へ約四〇キロメートル）までの追放、「御領外三里四方追放」は一関藩領外一二キロメートル四方に追放、「御領外五里四方追放」は一関藩領外二〇キロメートル四方に追放、「御領外追放」は一関藩領内から追放、「仙台御領外追放」は一関藩を含む仙台藩領内から追放、「阿武隈川宮川追放」は阿武隈川と白石川（宮川）の外（仙台藩領、一関城下から南へ約一〇〇キロメートル）に追放などであった。

流刑は、仙台藩の流刑地と同じで、近流が田代浜（田代島）・網地《あじ》浜（網地島）・長渡《ふたわたし》浜（網地島）、遠流が江ノ島で、いずれも牡鹿《おじか》半島沖の島であった。流刑は出奔や一関藩の者が仙台藩に訴え出る越訴《おっそ》、不義密通などの者が多かったようだ。刑期は言い渡されず、罪状や島での服役態度によって減刑や、藩主家の慶事や法事によって恩赦があった。

流人の島での生活は、士分は士《さむらい》長屋か民家に、それ以外は凡下長屋に居住することになっていた。しかし、実際は島民の家を借宅して暮らす者が多かったようだ。島から出ることは厳重に管理されたが、日常生活は、島民と交わり労働補助ともなったので、扱いは寛大であったという。流人の食費などの生活経費は藩で負担していた。嘉永六年（一八五三）の一年間の経費は、流人扶持、木賃代、家具代、綿入れ代合わせて、米六六俵、手形三切（金三歩）、代（銭）一八貫六四〇文であった。流人への扶助ということもあり、嘉永の藩政改革で問題になっている。

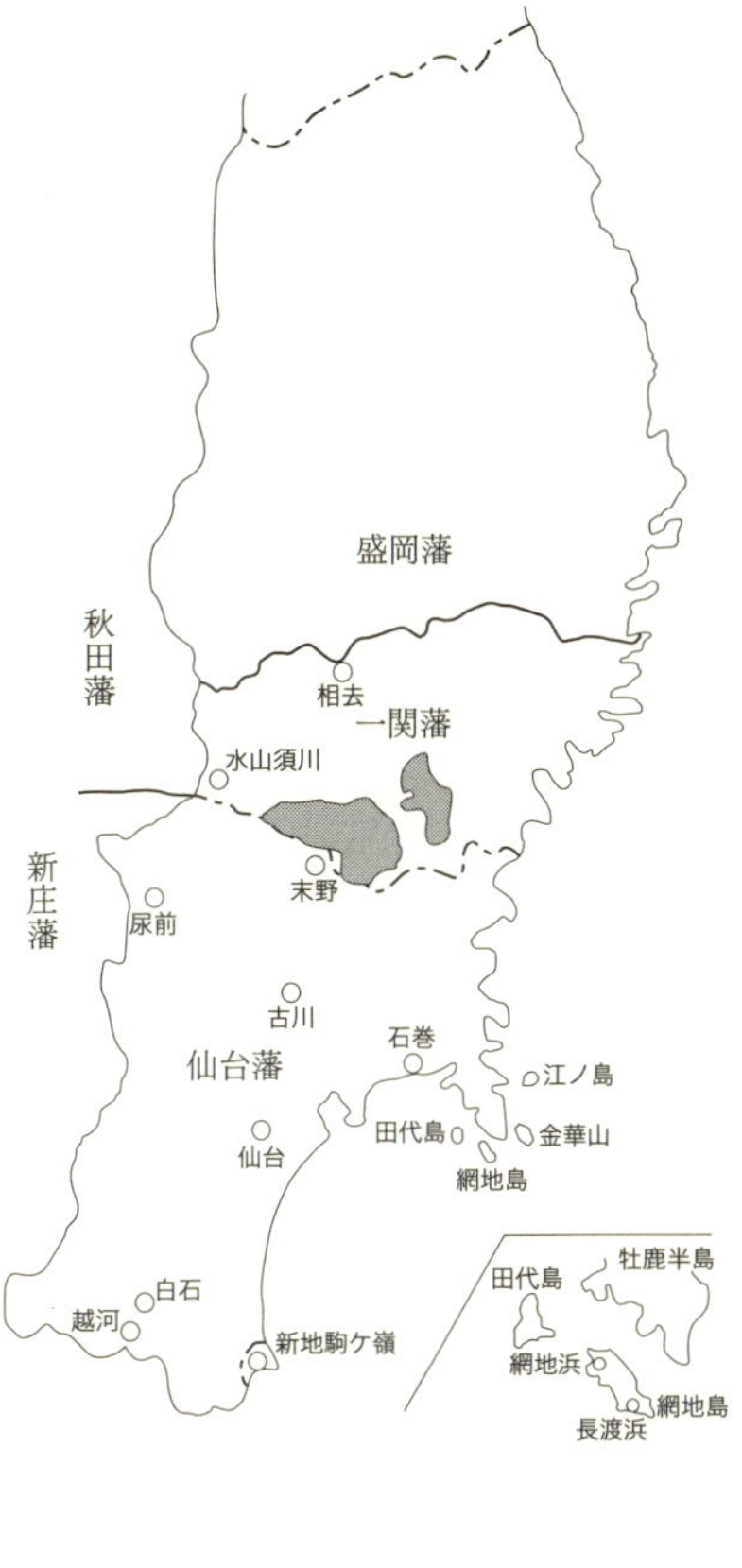

流刑地図

⑤ 町方のくらし

奥州道中に沿って町方がひらけ、各種の商家が建ち並んだ。
町屋は間口六間を基準とした一軒屋敷と、それを二分割した半軒屋敷とで構成された。
町人は正式には「百姓」であり、田畑を有し年貢も納入していた。

町の構成

（1）地主町《じしゅうまち》

奥州道中に沿って天正十六年（一五八八）に宿駅が置かれたときに町名がつけられた。長さ四町四一間（約五一〇メートル）で、慶応年間（一八六五〜六八）には、奥州道中の南側は裏大手（現在の地主町中央日専連から錦町通りまでの横町）を挟んで西二九軒、東二五軒、計五四軒。北側は小野屋横町（寅松横町ともいい、現在の藤たなそば店東側の横町）を挟んで西三五軒、東二二軒、計五七軒。町屋の合計は一一一軒であった。

主な施設は、地主町通りの真ん中に井戸、岩井川橋（または大橋、現在の磐井橋）東際に一里塚一対、通り西側と延命寺・般若寺入口に木戸、南側中程に裏大手の枡形《ますがた》、北側中程に問屋場《といやば》（現在の印章堂付近）・外人屋《がいじんや》（本陣のことで、現在の新光写真館付近）・高札場《こうさつば》があった。問屋場は山辺重吉邸内に地代を払って設置、外人屋は白土宮蔵邸内に設置され、いずれも維新後地主へ返却された。

（2）大町

奥州道中に沿って地主町の南につづく町で、慶長年間（一五九六～一六一五）に伊達家重臣留守政景の所領であったときにこの町名となった。長さ四町四六間（約五二〇メートル）で、慶応年間には、奥州道中の東側は御代官横町（現在の岩手銀行一関支店と旧ダイエー一関店の間の横町）を挟んで北一六軒、南三九軒、計五五軒。西側は大手（現在の常州園茶店とふくはら駐車場の間の横町）を挟んで北一七軒、南四一軒、計五八軒。町屋の合計は一一三軒であった。

主な施設は、東側中程に代官役所（現在の旧ダイエー一関店ビルの東北部分）・大肝入役所（現在の岩手銀行一関支店付近）・問屋場（現在の花びし履物店付近）があった。代官役所は菅原文作邸内、問屋場は一島彦六邸内に地代を払って設置され、いずれも維新後地主へ返却された。奥州道中の真ん中に城下南の新山《にいやま》上堤《かみづつみ》・下堤《しもづつみ》から百人町・大町を貫流し下横町《しもよこちょう》西口（現在の千葉久駐車場前付近）で五間堀に入る水路が設置されていたが、これは享保八年（一七二三）に防火用につくられた。

職種

明治三〜四年（一八七〇〜七一）の大町の各店の職種がわかっている。

①衣料品…古着屋・木綿屋・麻屋など一八軒（一五・一パーセント）。食料品を併せ扱う者七軒、雑貨品を併せ扱う者二軒。

②食料品…米問屋・塩問屋・味噌屋・醤油屋・五十集《いさば》屋（魚屋）・八百屋・麹屋・豆腐屋・麺類屋・菓子屋など四四軒（三七パーセント）。衣料品を併せ扱う者七軒、雑貨品を併せ扱う者一〇軒、接客業を併せ扱う者三軒、職人と兼業する者二軒。

③雑貨品…荒物屋・小間物屋・古道具屋・蠟燭《ろうそく》屋・鬢付《びんつけ》屋・瀬戸物屋・煙草屋・鍋屋・薬種屋・打綿屋・網屋など四〇軒（三三・六パーセント）。衣料品を併せ扱う者二軒、食料品を併せ扱う者一〇軒、職人と兼業する者一軒。

④接客業…旅籠《はたご》屋・煮売茶屋《にうりちゃや》（簡単な食事と湯茶・酒を提供）・濁酒《にごりざけ》屋・質屋・髪結・湯屋（銭湯）など一五軒（一二・六パーセント）。食料品を併せ扱う者三軒。

⑤職人…矢師・畳屋・馬具屋・飾屋・桶屋・染屋・仕立屋・足駄屋・左官など一〇軒（八・四パーセント）。食料品を併せ扱う者二軒、雑貨品を併せ扱う

者一軒。
⑥馬の売買・周旋…博労《ばくろう》が一軒（〇・八パーセント）。
⑦農業…農業専業が一二軒（一〇・一パーセント）。
⑧不明…三軒（二・五パーセント）。
衣食住の基本業種としての衣料・食料・雑貨品の比率が高く、旅籠と煮売茶屋の数は都市化や消費経済の状況を示していて興味深い。

一軒屋敷と半軒屋敷

町屋敷は仙台城下では間口六間、奥行二五間に地割りされ、これを「一軒屋敷」と称した。「一軒屋敷」を間口半分に二分割したものが「半軒屋敷」である。一関城下大町において、幕末期には、「一軒屋敷」が二二軒（一九・一パーセント）、「一軒半屋敷」（大肝入役所）が一軒、「半軒屋敷」が九二軒（八〇パーセント）であった。実測では大町の「一軒屋敷」は間口が平均七・一間、奥行が平均三三・九間、坪数は平均二四二・五坪であり、「半軒屋敷」は間口が平均三・七間、奥行が平均三二・七間、坪数は平均一二一・二三坪であった。「一軒屋敷」は間口六間を基準として八間ぐらいまでの屋敷、「半軒屋敷」は間口三間を基準として四間半ぐらいまでの屋敷で、奥行は双方とも三三間程であった。

人口と家族構成

慶応二年(一八六六)の大町は、男三一二人、女三一二人、合計六二四人で一戸平均五・九人。一戸あたりの家族数は男女ともに三人ずつ、六人家族が標準であった。

戸主・後継者に婿・養子が極端に多い。記載のある一一〇戸中五三戸、六六人が婿か養子であった。同居の二世代にわたる例が七戸、三世代にわたる例が三戸あった。嫁は、他村出身者九九人、大町出身者三六人、娘は町内に嫁がせることが多かったようだ。他村からの養子・婿・嫁の出身地は近隣の磐井郡・栗原郡に集中しているが、奥州道中を中心とした街道沿いの村、地域の中心村の出身者が目立ち、商業活動による人脈が形成されていた。

町の性格

一関城下の町人は正式には百姓である。田畑を有し年貢負担の義務を負った。仙台藩では仙台以外の町は農村と同様に郡奉行の支配下に置かれ、在町《ざいまち》(在郷町)として取り扱われた。一関の地主町・大町は仙台藩領時代に屋敷割りされ在町としてつくられた。一般的に、町方《まちかた》とは領主が法的に町《まち》指定をし町奉行の支配下にある地域で、そこに住む者が町人、在町は町場化していても農業と分離しておらず郡奉行などの地方《じかた》支配下にある地域で、そこに住む者は百姓とされる。

一関の町は成り立ちからいって在町としてつくられたので、村役人としての肝入、町役人としての検断が併置された。租税の年貢は肝入の管轄（郡代支配）で、町役は検断の管轄（町奉行支配）であった。序列は肝入が上位であったが、仙台城下は逆で検断が上位であった。町住人の田畑の持高は他村入作を含めて平均三五〇文ほどで、一関藩領百姓の平均持高は約八二六文（安永四年〈一七七五〉）であった。町役負担は一軒屋敷で年二両ほど（文化二年〈一八〇五〉）になり、町役負担のほうが大であった。たとえば、大町の塩屋弥三郎の年収は、田畑作徳が米一石・大豆五石（弘化三年〈一八四六〉）、商業収入が八一切（歩）四九八貫八〇文＝約一〇九両（安永三年〈一七七四〉）であり、本業が商人であることは歴然となっている。法的には祖法により在町となるが、一関藩では町奉行を置き、町役を負担させ、実質的に町方町人として扱った。

城下の音—平時の太鼓と異常時の半鐘—

城下で遠くまで聞こえる音がふたつあった。時の太鼓と火の見櫓の半鐘である。

時の太鼓は城下に時刻を伝える時鼓である。貞享三年(一六八六)、初代藩主の田村建顕が老中阿部豊後守正武の内意を得て居館裏門東脇に高楼の櫓を建て、同年七月一日から昼夜十二の時を太鼓で告げたといわれている。江戸時代の時制は、時刻は九ツ《ここのつ》（現在でいう昼夜の十二時）・八ツ《やっつ》（同二時）・七ツ《ななつ》（同四時）・六ツ《むっつ》（同六時）・五ツ《いつつ》（同八時）・四ツ《よっつ》（同十時）の六つの時がそれぞれ昼夜にあり十二時制であった。時間は前記十二の時刻の前後二時間ほどを子丑寅……の十二支であらわして示した。史料によれば、九ツから四ツまでの十二の時刻に太鼓で時を告げたという。太鼓は欅《けやき》の一木から造られ牛革張りで、口径九七センチメートル、胴長一〇三センチメートルの大太鼓である。縁は二重鋲打ち、胴面は朱漆塗り、胴上部中央には菊紋様の飾り金具がついている。一本の欅の木から四個造られ、ひとつを時の太鼓とし、他は藩主の菩提寺の祥雲寺、配志和《はいしわ》神社、仙台の孝勝寺にそれぞれ保存された。張り替えは、城下商人の金森多吉に命じ、革師の磐井川原の被差別民十兵衛に調達させるのが慣例であった。身分的に賤視されていた被差別民は平常侍小路を通行することができなかったが、太鼓を納める時に限り、下小路《しもこうじ》から裏大手を入り中小路を経由して居館裏門橋際まで来ることを許された。橋際で控え、昼の九ツ時《どき》を報ずるのを聞いて、川小路から地主町へ出るのを例としたという。領内の人々は、三万石の外様支藩の小大名には「過ぎたるもの」といいながら、城下のシンボルとして誇ったものであった。現在は、藩主

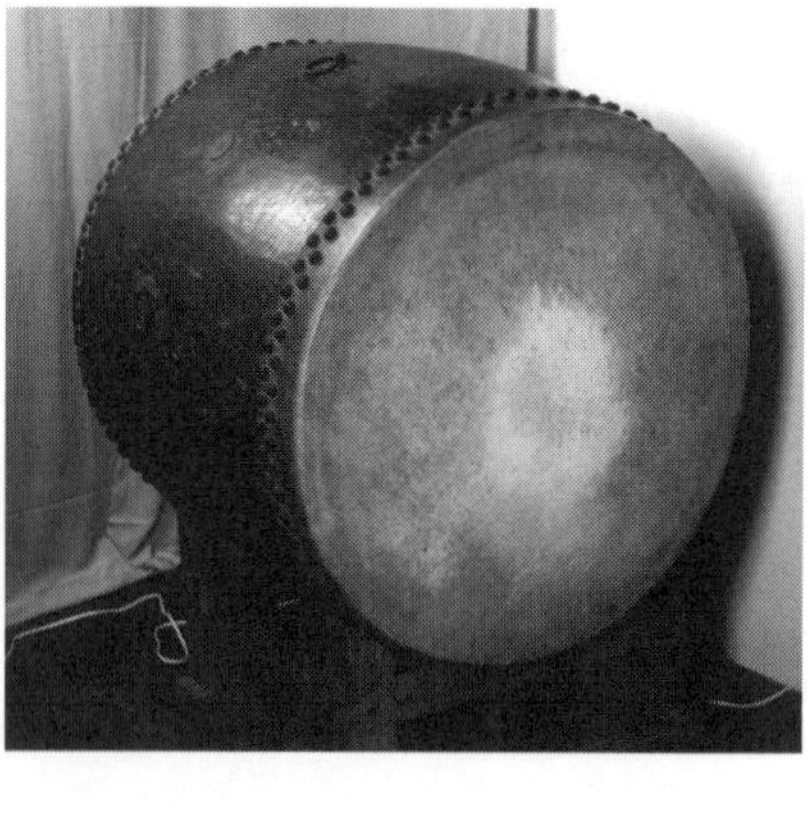

時の太鼓

の祈願所であった長昌寺（旧長昌院）に時の太鼓として使われたという一台と祥雲寺にある一台の二台が保存されている。

　半鐘は、藩主田村氏居館の東北角の広小路四辻（十字路）に高さ三丈五尺（約一〇・六メートル）の火の見櫓が建てられ、そこにかけられた。火の見櫓は宝永四年（一七〇七）に老中の内意を得て設けられ、火災時には半鐘を鳴らした。打ち方にも決まりがあり、藩主居館と五間堀内の侍屋敷（内家中）の場合は切れ目なく打ちつづけ、堀外の侍屋敷（外家中）、足軽町・地主町・大町・祥雲寺・瑞川寺・長昌院は三つずつつづけて急に打ち、鍛冶町・山目町・里前（いずれも仙台藩領、一関市）は二つずつ間をあけて打ち、有壁村（宮城県栗原市）・黒沢町・近村・三関・焔硝蔵などは月番の目付へ届けて指図を受け、二つずつ間をあけて打つことになっていた（「原田家文書」）。

　消火活動は、藩の目付が家老の命をうけ、総責任者となって行った。火が出れば目付と三支配頭（番頭・本〆・小性頭）が藩庁に出勤し、目付のひとりは必ず火の見櫓脇の辻番所に詰め陣頭指揮をとった。役人は、月番の町奉行・物頭・郡代がひとりずつ出勤し、馬上で指揮をとった。消火人員としては並足軽が、小頭二人と在国組から二〇人、留守組（江戸勤務にあたった組の一関残留者）から一五人の三五人が物頭にひきいられて出動した。また、家中の者も目付・三支配頭のもとで消火活動にあたった（「御当家重宝記」）。民間では、大町には「大ノ字組」

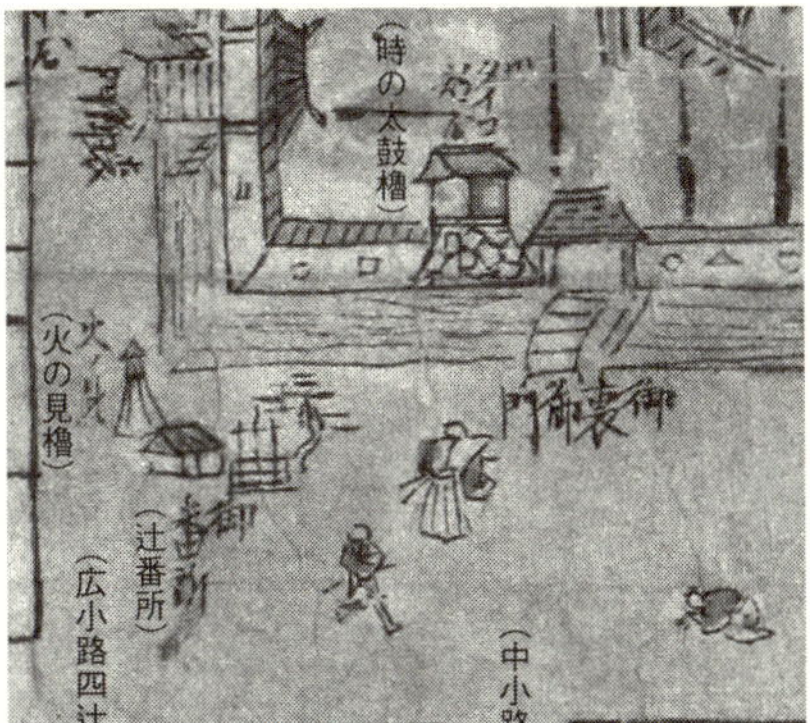

時の太鼓櫓と広小路四辻の火の見櫓・辻番所

という二四人組みの町火消組があった。寛政年間(一七八九～一八〇一)には既に結成されていて、纏・高張提灯・弓張提灯を持ち、胸当・看板(印半纏)を着て、藩主から頂戴した白木綿鉢巻をしめて出動した。また、山目町・山目村・根岸町・前堀村・赤荻村の火消組の記録もあり、各村に火消組が存在していたことがうかがえる。家が密集する城下に火が出れば、これら近村の火消組が馳せ参じて懸命に立ち働いた。

江戸時代の消防は破壊消防といって、家屋を壊すことによって類焼を防ぐのが主であったが、城下には、八幡神社近くの新山堤辺から百人町(宮坂町・新大町)と大町の道路中央に水路が通り、また、地主町通りの真ん中(日専連前の交差点)に井戸が設けられ、防火用水の役割も果たしていた。

火の見櫓(奥羽寒図記)

⑥ 村方のくらし

屋敷林の居久根《いぐね》に囲まれた四間取の直屋《すごや》がこの地方の典型的な民家である。日常生活は百姓条目によって規定され、経済的にも厳しい日々の生活を送っていた。自村の利害を守る争論もあり、また、幕末には男児のほとんどが寺子屋に通った。

村の家

仙台藩や一関藩の農家は、平屋の直屋《すごや》★で、寄せ棟の茅葺き屋根をもち、屋敷林の居久根《いぐね》で北側や西側が囲まれていた。内部は、入口から土間となり、その奥の板間の端に囲炉裏が切られ、部屋は炉のある「おかみ」、「中間」、「座敷」、「納戸」の四間取となっていた。一関市厳美町の一関市自然休養村管理センター敷地内に移築保存されている旧鈴木家住宅は、仙台藩領磐井郡東山北方《きたかた》の相川村（一関市舞川字折の口）にあった民家で、江戸時代の中頃(十八世紀中期)に

旧鈴木家住宅平面図

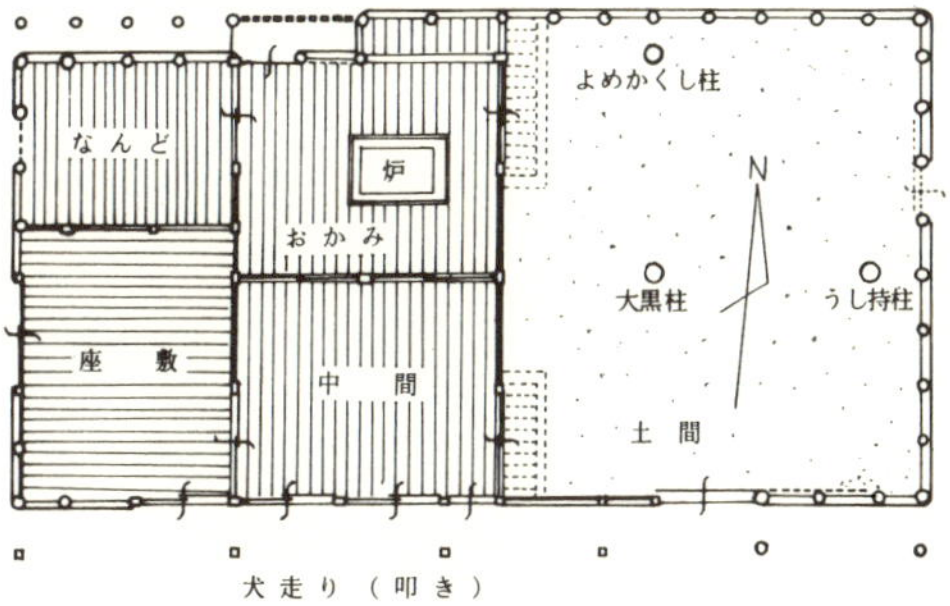

▼直屋
平面が長方形の家。

旧鈴木家住宅

建てられたものである。間口が約一六メートル、奥行が約九メートルの平屋、四間取りの直屋で岩手県指定文化財となっている。

百姓条目

「百姓条目」は、年貢・諸役の負担者である百姓の安定を図るために、百姓の日常生活、心得を規定した法令である。仙台藩において、寛文八年(一六六八)・延宝五年(一六七七)・宝永五年(一七〇八)・正徳元年(一七一一)・享保四年(一七一九)にそれぞれ制定された。最初の寛文の条目は、衣服は布・木綿の着用、雑穀を食べ米は一切食べないこと、相撲・あやつりなど興行ものは留め置かぬこと、冠婚葬祭は質素にすること、などの六カ条であった。以後の改定で、儒教倫理に基づく日常の心得や、土地の分割・売買の禁止、村内の相互扶助、持高の五貫文制限などが加えられた。享保の条目一七カ条は、藩主伊達吉村による財政再建・綱紀粛正など、藩政改革の一環として従来の条目を再確認し、新たに、法度《はっと》★の遵守、役人への音物《いんもつ》★などの禁止、駕籠に乗ることの禁止、徒党・誓約の禁止などが加えられた。吉村は、百姓条目の公布にあたり、役人が毎年人高改めに廻村する際には百姓を集めて読み聞かせること、代官所・大肝入・肝入・検断は条目を写し取り座敷へ貼っておくことを、民政部局の責任者である出入司《しゅつにゅうつかさ》に申し渡した。

▼法度
禁令。

▼音物
贈り物。

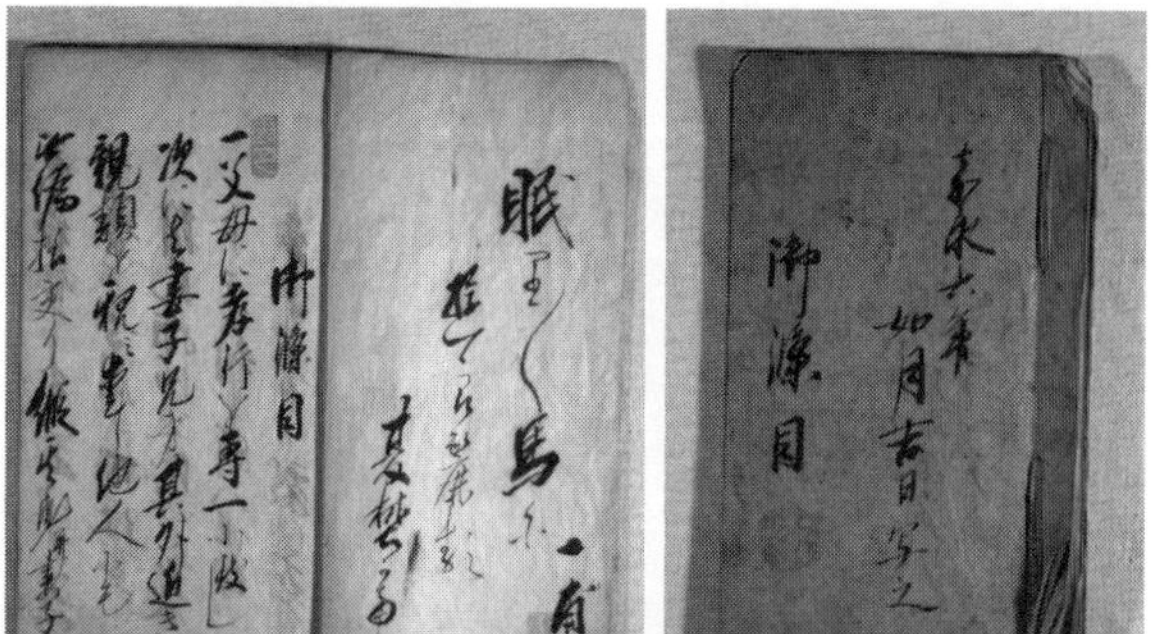

百姓条目

領内各村には幕末に至るまで多くの写本が用意され、条目の周知徹底が図られた。一関藩においても、仙台藩に従い、同様にこの条目の遵守が図られた。享保の百姓条目一七カ条は、仙台・一関両藩領民が終世にわたり守るべきものとされた。

働く人々——水呑・借家・添人・奉公人——

庶民には、田畑や家を有し年貢・諸役の負担義務を負う面《おもて》（表）百姓★と、そのような条件を持たない人々がいた。後者には水呑《みずのみ》・借家・添人《そえにん》・奉公人などがあり、戸籍簿にあたる人数改帳には、水呑・借家・添人（添男・添女）は家族以外の者として、身を寄せた先の人頭《にんとう》の家内に登載された。奉公人は奉公先の人数改帳には記されず、本籍地の人数改帳にいわゆる出稼ぎ人として記された。

これらの人々の性格については、これまでは以下のように考えられているようだ。水呑は、無高《むだか》で田畑を所有しないので、人頭家内の長屋などに家族で住み、人頭家の田畑を小作したり家業を手伝って、経済的見返りを受けて生活していた人々。借家は、町場に多く、大家《おおや》である人頭者から家そのものあるいは一部を借りて商売をしている店子。添人（添男・添女）は、時として人頭となったり、逆に人頭から転化したりし、階層を出入りすることが可能で、人頭家内に同居し家内労働に従事している。主に、経済的な事情から親類縁者知人に自身や家族の身

▼面百姓
本百姓。

柄を依託し寄食している者であるが、金銭授受によって成立した関係ではないようだ。水呑・借家・添人（添男・添女）は、いわゆる金銭授受による隷属的な関係にはないとされているが、奉公人には金銭授受による隷属性がともない、質物《しちもつ》奉公《ほうこう》や年季奉公という形で、奉公先の奉公人部屋や長屋・厩《うまや》で起居し、主家の家内労働に従事した。

生活の水準

百姓の年間の収支を見積もったものがある。仙台藩領磐井郡東山渋民《しぶたみ》村（一関市大東町）出身の儒学者芦東山《あしとうざん》によるものと一関藩勘定方によるものがある。芦東山の見積りは、彼の「上言」に示されている宝暦三年（一七五三）十二月時点のものである。高一貫文の百姓五人家族の場合の収支で、結果は六貫三九九文の赤字となっている。米に換算して三石九斗六升になる。一方の一関藩勘定方の見積りは文化六年（一八〇九）時点のものであるが、想定家族数は明記されていない。しかし、文化二年（一八〇五）の領民一戸平均人数は五人であり、五人家族が標準とみてよいだろう。これには、支出分に芦東山が計上した夫食《ふじき》★以外の薪炭・医療・衣料費等が含まれていない。便宜的に芦東山計上分を加えてみると、結果は四貫八四八文の黒字となる。米に換算して一石一斗六升になる。

厳美村の風俗（明治中期、奥羽寒図記）

これらの計算には時の米相場・銭相場が重要であるが、芦東山が「上言」で言及しているように豊凶により高下するので、時期の違う見積りを単純には比較できない。確かに、米相場でみても、宝暦三年(一七五三)十二月は金一切《ひときれ》★で米六斗五升（米一石が金一切五分三厘八毛）、文化六年(一八〇九)は金一切で米四斗（米一石が金二切五分）というように、文化六年の米価が高いことがわかる。また、大坂や江戸の米価をみても、文化六年冬は一〇〇俵の張紙値段《はりがみねだん》★で一〇両も高い。さらに、一関の作況・物成高は、宝暦三年は凶作、文化六年は上作で物成高は大差ない。つまり、宝暦三年の百姓の作徳率は低すぎ、文化六年は高かったのである。それにしても、文化六年が豊かとはいえず、藩が基準とした一貫文の面《おもて》百姓でも厳しい生活状況にあったといえよう。

赤子養育仕法

十八世紀半ば以降、関東や東北地方の太平洋側の農村では戸口が激減して荒廃した田畑が増加した。土地の生産力が低く年貢が重すぎたこと、商品貨幣経済が浸透し没落する農民が増えたこと、凶作・飢饉で餓死者や病死者が大量に発生したことなどが原因とみられている。こうして、年貢の収納率が激減して財政難に陥った為政者は、対応策を講じることになった。

▼**夫食**
農民の食糧。

▼**切**
一関藩・仙台藩では金一分を一切と呼んだ。

▼**張紙値段**
幕府・諸藩が家臣に支給する禄米を金で支給する場合の公定値段。城内に張り紙で公示され、金納年貢や市中物価の標準となった。

仙台藩においては、文化四年（一八〇七）に「赤子養育仕法《あかごよういくしほう》」が制度化された。その内容は、①堕胎《だたい》・間引《まび》きを止め養育を進めるような教化、②懐妊婦改め、出産調査・取り締まり、③養育料支給、となっている。これらは、藩の政策として前記のような地方《じかた》行政システムにのっとって実施された。村方においては、肝入・組頭が中心となり、百姓から任命された赤子方村制道役によって執行された。

実施状況は、①教化用小冊子の配布、②懐妊婦改め、出産調査・取り締まりは、組頭・赤子方村制道役《あかごかたむらせいどうやく》が常時調査し、毎月肝入宅で懐妊婦改帳に記入し藩に提出、③養育料は、困窮の度合いによって金一両ほど、また、米四〜五俵までを支給し、一括または五年分割で利息を付けて返済させるものであった。これらの効果は、堕胎・間引きの禁止、懐妊婦改め、出産調査・取り締まりが厳格で、人頭（戸主）・五人組・親類に連帯責任が負わせられていたため、堕胎・間引きは抑制され、戸口の回復・増加に効果をあげた。一方、養育料は、領民の生活実態が考慮されない利息付き、返済は親類・五人組の連帯債務になるなど、負担増を招く性格をもっていた。

一関藩の一例では、元治元年（一八六四）四月に流の涌津村豊吉と峠村忠助に養育「手当」が支給された。豊吉は七男、忠助は四女の出産で、村役人や制導役の見分の結果極貧と認められ、その年から三年間支給されることとなった。支給額は、当年が金一切五分（一分二朱）と籾一俵、翌年と翌々年が金五分（二朱）と籾一表ずつ、三年間で金二切五分（二分二朱）と籾三俵であった（「御郡方御用留」）。

くらしを共にした馬

仙台藩領胆《い》沢《さわ》郡《ぐん》六《むい》日《か》入《いり》村（奥州市前沢区）の菅原万右衛門が、安政五年（一八五八）に地元の白山《はくさん》神社に奉納した「四季耕作図絵馬」には、代掻《しろか》きに従事する馬、稲束を運ぶ馬が描かれている。いうまでもなく、機械化された現在の農業以前をふり返れば、馬は農作業にとって切っても切れない重要不可欠な存在であった。また、山仕事などの重量物の運搬、町場への産物の運搬にも日常的に活躍した。農民は馬と共にくらし大切に取り扱った。馬に飼料を与えてから家族が食事をするのが普通であったといわれるほど、馬を第一に考えていた。それほど大切な存在であったので、馬の安全息災を祈願して、神社に絵馬を奉納したり、お札をもらって厩《うまや》の木戸口の柱や梁に張りつけた。馬が死んだ場合には、一頭一頭につき検死を行い、馬主・五人組・肝入連名で二歳肝入★に届け出、さらに大肝入に、そして代官に上申された。病気になれば馬医にみせ薬を与え、薬効かなわず死んだ場合、馬医は馬主・性別・毛色・年齢・病名を細かに記した検死診断書を書いた。この地方に残る馬の供養碑は、江戸時代の人々の馬に対する特別な思いを今に伝えている。

馬頭観音石碑群（一関市厳美町上山口、駒形神社）

▼二歳肝入　馬を管理していた村役人。

争論

種々の争いごとのうち、住民を巻き込む村と村の争論をみてみよう。このことで最も頻出するのは境をめぐるもめごとである。ふたつ例をあげてみる。

ひとつは入会地《いりあいち》★をめぐるものである。江戸時代初期から争われていた磐井郡西岩井と栗原郡三迫《さんのはざま》各村の境論は代表的なものであった。栗原郡三迫の赤児《あかちご》村（仙台藩領、宮城県栗原市金成町）と片馬合《かたまぜ》村（一関藩領、金成町）の場合は、以前からあった境論が、天和二年（一六八二）に田村氏が一関に入部して、仙台藩との藩境を決めた際に表面化し、一関藩役人、三迫代官が出役し赤児村の主張を認めたものである。この地域では同様の争論がつづき、享保十七年（一七三二）から寛延三年（一七五〇）まで十九年間にわたって争われた磐井郡西岩井市野々《いちのの》村（一関藩領、一関市）と栗原郡三迫沼倉村（仙台藩領、宮城県栗原市栗駒町）の争論のような長期化した場合もあった。田村氏入部による藩境設定が問題を複雑化したのであった。

もうひとつは河岸に存在する冠水地帯の谷起《やぎ》の所属をめぐるものである。特に北上川は洪水による河道変化が著しいので争論化しがちであった。対岸に位置する流楊生《ながれよう》村（一関藩領、一関市弥栄）と東山薄衣《うすぎぬ》村（仙台藩領、一関市川崎

★入会地　草刈りなどのために複数の村が共同の権益をもつ土地。

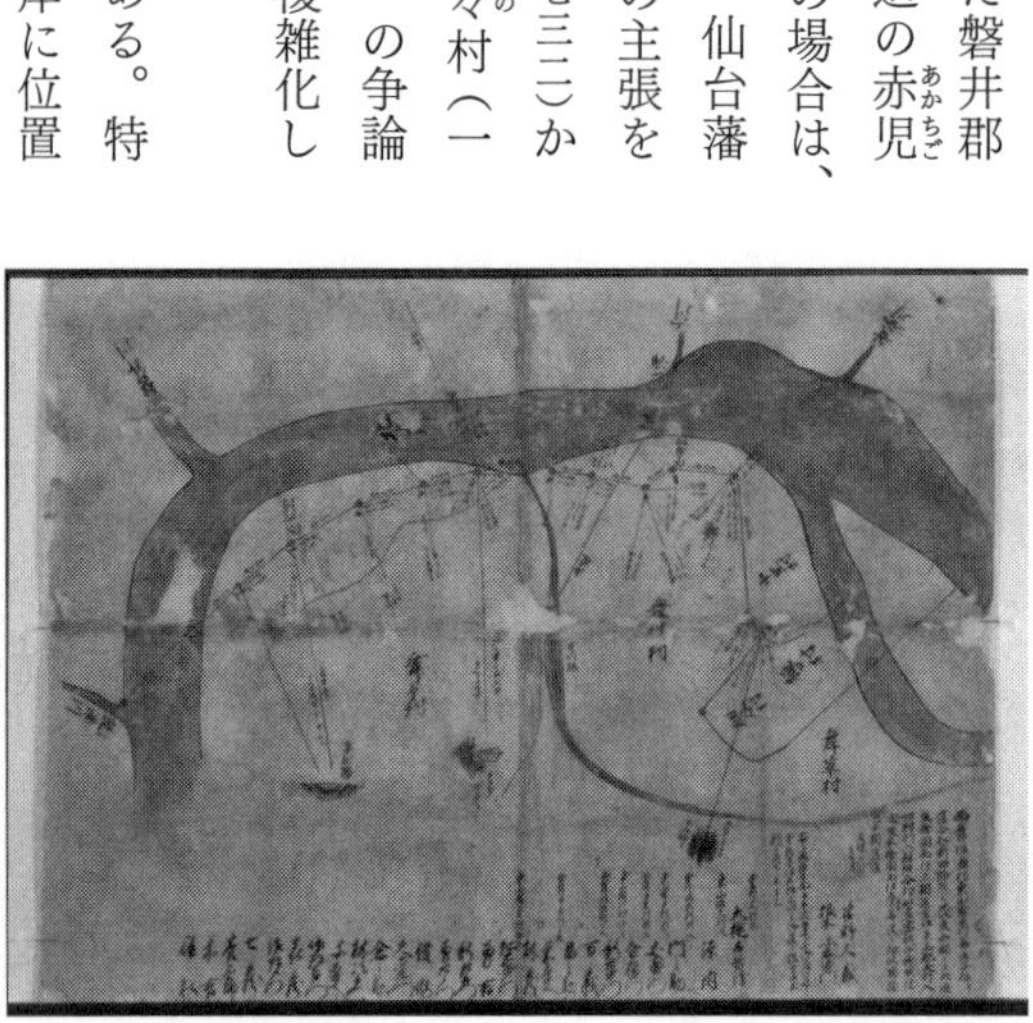

作瀬村舞草村論所絵図

町）は、大きな中州であった中川原の帰属をめぐって宝暦七年（一七五七）から争った。明和六年（一七六九）に流と東山の両代官・大肝入の出役で、元禄絵図などを根拠に係争地の絵図を作成して決着した。古くから動かないポイントを結んで境塚を八つ築き、境界を決定した。また、西岩井作瀬《さくのせ》村（仙台藩領、一関市川辺）と東山舞草《もくさ》村（仙台藩領、一関市舞川）は文化期から天保期にわたって争った。対象の谷起は、隣接する村々が草刈場や畑作地として開発していたもので、その帰属は重大なことであった。長年の争論も天保六年（一八三五）に、西岩井と東山の両代官の出役で境絵図を作成し、両大肝入、関係隣接各村肝入・組頭が署名・捺印して和解した。地内にあるサイカチの木や近くの屋敷、目標となる山などを目印にいくつかのポイントを定め、それらを結んで境界線を引いた。

百姓と「はんこ」

江戸時代になると、幕府が印判状★を多用し、大名・武士の支配階層に印章使用が定着し、さらに庶民にも使用が義務付けられた。

仙台藩や一関藩の庶民にとって、捺印という行為が生きていく上で必要なことと認識されたのは、毎年作成される「人数御改帳」への人頭（戸主）印の捺印であろう。各戸主は、家族の筆頭に記された自分の名前の末尾に捺印しなければな

▼**印判状**
印章を捺した文書。

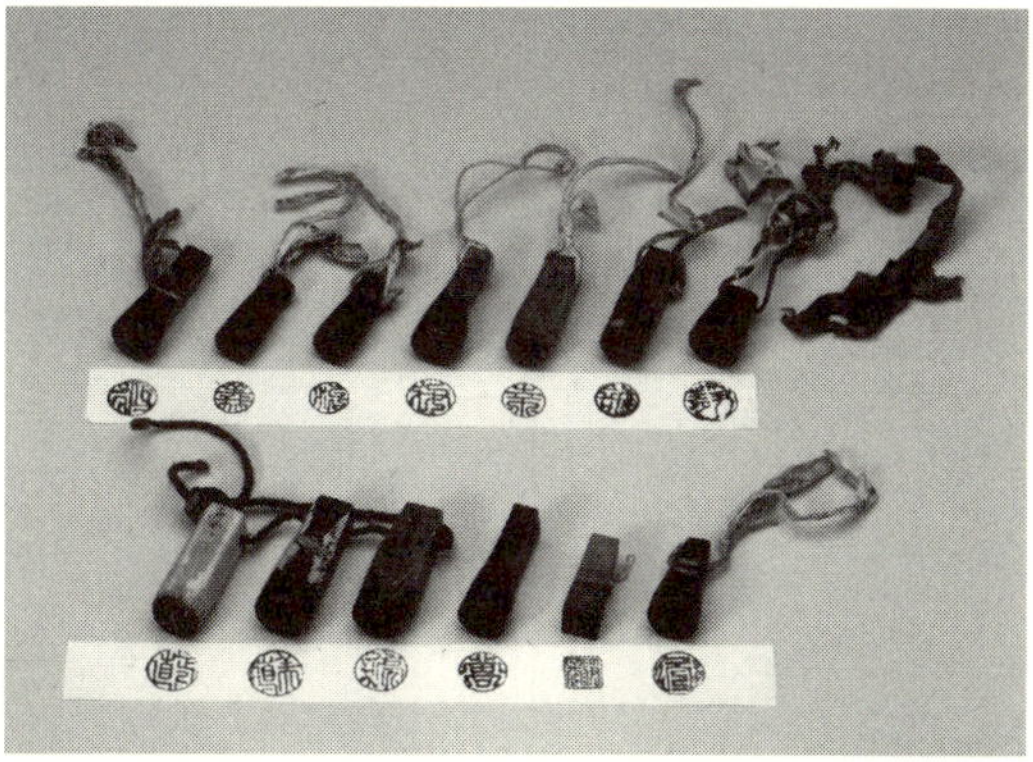

百姓の印章

らなかった。また、借金の証文に捺印することもほぼ同時に行われるようになった。

この地方の一般百姓の名元に捺された印文は、幸・誠・義・善・正直といった美字の一字印・二字印がほとんどである。これらの人々は固有の印章を持たず、村人の間で使い回すことが行われている。固有の印章を持っていたのは肝入・組頭といった村役人層であったが、これらの人々は一定期間ごとに改印した。それは、家を支えてきた父親が死んだとか、跡取りが早死にしたとか、養子を取ったときとかが多かった。印文や改印動機にみられるのは、かく生きたい、家内不安を転換したいなど、家勢の向上への強い願いである。百姓は家単位で掌握し、印は一戸にひとつとした支配側の政策的な側面と、家勢向上への象徴という百姓側の意識から、印章には家のしるしとしての性格があった。

明治になって、政府はサイン方式も検討したようだが、ついに、個のしるしとしてのサインという方向には進まなかった。

寺子屋

江戸時代の教育機関には藩校・郷校・寺子屋・私塾などがあった。藩校・郷校は武士のための学校であり、寺子屋・私塾は庶民のための教育の場であった。寺子屋では読み・書き・そろばんを武士・僧侶・神官・医師・村町役人などが師匠となって教えた。その語源は、中世の武家や豪族の子弟が寺院で初等教育を受けたことによるといわれ、このような子どもたちは寺子《てらこ》とよばれ、寺子の通う家という意味の屋と合成して寺子屋ということばが定着したといわれている。しかし、岩手県地方では「手習い師匠」「手習い指南」「筆道先生」などと呼ぶのが一般的であったようだ。

寺子屋数は十九世紀に入ると急速に増え、幕末期には全国で三～四万軒、岩手県域では一〇五二軒の寺子屋が数えられ、男児の八七・六パーセント、女児の一二・四パーセントが就学したといわれている。就学年齢は自由で、大概は、七～八歳で入門し、十四～十五歳で修了というサイクルが一般的であったようだ。寺子は年齢や学習進度もまちまちであったので、師匠が一人ひとりの能力や進度に応じて個別に指導した。寺子屋は、経済活動の発展による契約書・帳簿・手紙類作成や、庶民支配の強化による支配者への上申書・願書作成の必要性の高まりなどから、庶民生活の中から自然発生的に生まれたものといわれている。寺子屋を終えてさらに高度な勉強をつづけたい者は、漢学・和算・医学などの私塾へ通った。このような江戸時代の庶民教育の進展は、近代の学校教育発展の大きな素地となった。

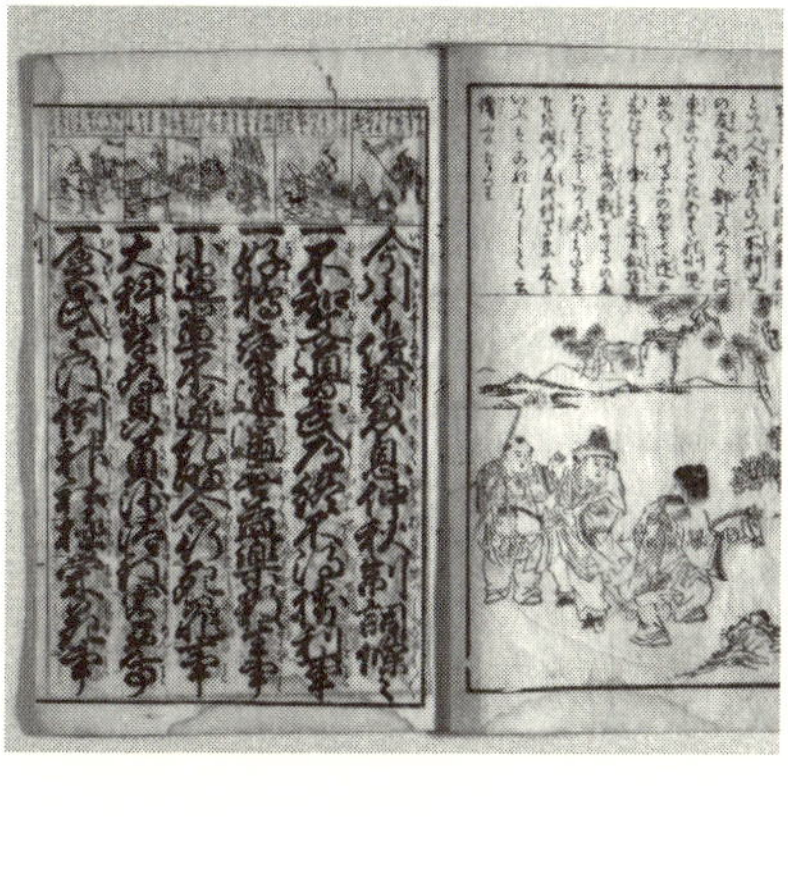
往来物（寺子屋の教科書）

⑦一関藩の人口

幕末の人口、家中三三九七人、町人二三三九人、城下人口四六二六人。城下の家中と町人は二・八対一。家中を除く領民人口二万二七五一人。総人口二万六一四八人。現在の同地域人口の約三五パーセントにあたり、一戸あたりの家族数は平均五人である。

城下人口

（1）家中（家族を含む）

寛保二年（一七四二）で男一六一六人、女一二七六人、計二八九二人であった。天明六年（一七八六）に男一三七三人、女一二九二人、計二六六五人で、男人口を二四〇人ほど減らした。享和の数値を経て回復し、文政八年（一八二五）には男一六五六人、女一四五七人、計三一一三人となり寛保二年時を上まわった。嘉永四年（一八五一）は男一七三〇人、女一六五八人、計三三八八人で、文政八年から二七五人増加している。安政二年（一八五五）には男一七五六人、女一六四一人、計三三九七人で、近世最終段階で三三〇〇人台で安定した。

（2）町人層

城下の町方は一関村（地主町を含む）と二関村（大町を含む）で、安永四年

（一七七五）は、両村合わせて男六六二人、女五〇三人、計一一六五人で、文化二年（一八〇五）は、男六〇六人、女五六五人、計一一七一人であった。文化二年から安政二年（一八五五）の五十年間の人口の伸びは、領民人口の推移からみれば約五パーセントである。仮に単純にこの数値をあてはめれば、安政二年の城下町人層の人口は、男六三六人、女五九三人、計一二二九人と推計される。

（3）城下総人口

安政二年の家中人口が男一七五六人、女一六四一人、計三三九七人であった。同年の町人人口が推計で男六三六人、女五九三人、計一二二九人となった。合わせれば、男二三九二人、女二二三四人、計四六二六人と推計できる。家中と町人との比率は二・八対一となる。

領内人口

（1）領民人口

家中を除く領内の領民人口は、これまでに公表されたものを含み、貞享三年（一六八六）～安政二年（一八五五）の断続的な数値がある。おおまかに推移をみれば、宝永三年（一七〇六）の二万七七八五人をピークに漸減しはじめ宝暦七年（一七五七）には二万一八七七人に急減した。これは宝暦の飢饉の影響かと推測される。以下少しずつ回復しかけるが、天明六年(一七八六)には二万二五九人とさらに減少した。天明の飢饉の影響を推測させる。その後、文政八年(一八二五)には二万三〇三二人にまで回復するが、嘉永四年(一八五一)にはまた二万一五四一人にまで減少した。これも天保の飢饉の影響を推測させる。安政二年には、男一万一八六二人、女一万八八九人、計二万二七五一人となり、近世最終段階で二万二〇〇〇人台で安定した。

（2）領内総人口

前述家中人口と領民人口とを合わせた領内総人口は、公表された記録上は、寛保二年(一七四二)の二万八一八五人が、以後漸増と飢饉時と思われる三度の急減期を経て、安政二年に二万六一四八人となり、近代へと移行していった。ただし、領民人口を人数改帳だけから算定した場合は、帳付けされていない小屋主《こやぬし》などの被差別民（賤民層）が洩れている可能性があり注意を要する。

また、一戸あたりの人数を利用可能なデータで算出してみる。家中は、安政二年の三三九七人を前述の慶応二年(一八六六)の家中戸主数六七七人（侍分三四八、寺院一一、凡下三一八）で割れば約五人となり、領民は文政八年の二万三〇三二人を人頭数四五四四人で割ればこれも約五人となる。家中・領民とも近世最終段階で一戸平均五人（町方の大町は慶応二年で約六人であった）の家族構成となると推測しておく。

なお、飢饉時と思われる減少の問題で、家中人口の変化をみれば、天明期の減少はうかがえるが、天保期の減少が確認できない。前述の領民人口が文政八年(一八二五)～嘉永四年(一八五一)間の天保年間で激減しているのに対し、同期に家中人口は逆に増えているのである。この数値上からは、家中人口に天保の飢饉の影響は認められないのである。

(三) 現代との比較

一関藩領域は現代の市町村の行政区域と重ならないので、この領域の現代の人口統計資料がない。一方、現代の一関市の行政区域は江戸時代の隣接各村を併せているので、現一関市域(二〇〇五年九月の広域合併前)の江戸時代の人口は集計することができる。安永四年(一七七五)の「風土記御用書出」の領民人口と前述安政二年(一八五五)の家中人口を仮に単純合計すれば二万一八三六人となり現代の一関市人口六万三〇四一人(二〇〇四年度)と参考比較できる。現代は約三倍に増えていることになる。

また、一戸あたりの家族人口が五人というのは現代からみても多いという感じはしない。逆に、「むかしは子だくさん」という近代(明治～戦前)のイメージとはずいぶんかけ離れているであろう。江戸時代の主生産手段たる農業生産力は中期以降ほぼ限界に達し、それで養える人口はおのずから定まったといえる。家中・領民ともに一家五人というのはまさにぎりぎりの家族数であったわけである。

知　行　中							合計
山伏	座頭	神職	渡守	女	和哥	計	
						25,756	
						26,597	
						27,785	
						27,759	
						27,694	
						26,569	
				10,454		25,293	28,185
						26,130	
						26,106	
						25,009	
						21,877	
						22,290	
						22,737	
				9,679		20,259	22,924
						20,995	
				10,355		21,671	24,441
						21,753	
63	14	1	2	10,308	10	21,670	
						21,359	
				11,019		23,032	26,145
33	3	1	2	10,365	4	21,541	24,929
33	3	1	2	10,387	4	21,655	25,012
31	4	1	2	10,662	5	22,227	25,588
28	4	1	1	10,760	5	22,418	25,694
32	4	1	2	10,889	5	22,751	26,148

＊出典
貞享３年～元文５年＝土屋喬雄『近世日本農村経済史論』第１部徳川時代
寛保２年＝玉山勇「江戸時代の人口問題」
寛保３年～安永４年＝土屋喬雄『近世日本農村経済史論』第１部徳川時代
天明６年＝玉山勇「江戸時代の人口問題」
寛政６年＝土屋喬雄『近世日本農村経済史論』第１部徳川時代
享和年中＝玉山勇「江戸時代の人口問題」
享和３年＝土屋喬雄『近世日本農村経済史論』第１部徳川時代
文化２年＝「御知行中切支丹宗門御改人数一紙」（田村家文書）
文化５年＝土屋喬雄『近世日本農村経済史論』第１部徳川時代
文政８年＝玉山勇「江戸時代の人口問題」
嘉永４年～安政２年＝「当人数御改一紙書上」（田村家文書）

一関藩領内総人口

年　代	家	中					
	男	出家・寺院	女	計	人頭	男	出家・寺院
貞享 3 年（1686）							
元禄 11 年（1698）							
宝永 3 年（1706）							
正徳 4 年（1714）							
享保 10 年（1725）							
元文 5 年（1740）							
寛保 2 年（1742）	1,616		1,276	2,892	4,826	14,839	
寛保 3 年（1743）							
延享 2 年（1745）							
寛延 3 年（1750）							
宝暦 7 年（1757）							
明和 5 年（1768）							
安永 4 年（1775）							
天明 6 年（1786）	1,373		1,292	2,665	4,373	10,580	
寛政 6 年（1794）							
享和年中（1801-03）	1,449		1,321	2,770	4,403	11,316	
享和 3 年（1803）							
文化 2 年（1805）					4,395	11,362	32 人・28 寺
文化 5 年（1808）							
文政 8 年（1825）	1,656		1,457	3,113	4,544	12,013	
嘉永 4 年（1851）	1,730	34 人・8 寺	1,658	3,388		11,176	32 人・28 寺
嘉永 5 年（1852）	1,731	31 人・8 寺	1,626	3,357		11,268	32 人・28 寺
嘉永 6 年（1853）	1,746	31 人・8 寺	1,615	3,361		11,565	33 人・28 寺
嘉永 7 年（1854）	1,688	28 人・8 寺	1,588	3,276		11,658	34 人・28 寺
安政 2 年（1855）	1,756	23 人・8 寺	1,641	3,397		11,862	33 人・28 寺

＊家中の出家、知行中の出家・山伏・座頭・神職・渡守は男人口の内数、知行中の和哥（巫女）は女人口の内数である。

一関市域の江戸時代の人口（*2005 年 9 月 20 日の市町村合併前の市域）

郡（藩）	村	人頭	男	女	合計	1 戸平均人数
磐井郡西岩井（一関）	一関	113	361	284	645	
〃	二関	91	301	219	520	
〃	三関	36	81	64	145	
〃	鬼死骸	91	248	204	452	
〃	牧沢	39	109	99	208	
〃	滝沢	172	489	429	918	
〃	狐禅寺	160	422	357	779	
〃	上黒沢	111	284	274	558	
〃	下黒沢	214	525	478	1,003	
〃	市野々	125	350	318	668	
〃	達古袋	98	275	239	514	
磐井郡流（一関）	楊生	120	298	252	550	
〃	富沢	120	358	255	613	
磐井郡西岩井（仙台）	猪岡	314	797	714	1,511	
〃	五串	358	848	770	1,618	
〃	赤荻	240	558	519	1,077	
〃	山目	215	511	437	948	
〃	中里	450	1,125	970	2,095	
〃	前堀	102	262	223	485	
〃	樋口	26	59	45	104	
〃	細谷	37	91	72	163	
〃	作瀬	45	131	113	244	
磐井郡東山南方（仙台）	舞草	228	693	596	1,289	
〃	相川	250	756	576	1,332	
領民計		3,755	9,932	8,507	18,439	4.9
家中（侍、出家・山伏、足軽、諸職人等）注1	城下ほか	677	1,756	1,641	3,397	5.0
合　計		4,432	11,688	10,148	21,836	4.9
2004 年度一関市人口注2	一関市	22,156	30,701	32,340	63,041	2.8

注1：安政2年〈1855〉（「当人数御改一紙書上」）人頭は慶応2年〈1866〉（「御家中進退高調」）による。
注2：人頭欄は世帯数。
上記以外は、安永4年〈1775〉（「風土記御用書出」）による。

第三章　一関藩の学問と教育

教育熱心の藩主の名に悖らず藩校は充実し、蘭学・和算が地域を起こした。

① 藩校と藩士教育

藩校教成館、天明三年（一七八三）商家出身の関運吉の建言で設立。休日は月三日、試験は四書五経の読書試験。教授の講釈日と家老の見分日に三日以上欠席は藩上層部に報告。建部清庵以来の医家の充実を背景に、幕末に医学校慎済館を開設。

藩校「教成館」

藩士教育については、初代藩主の田村建顕が意をそそいだことは前に述べた。天明三年（一七八三）に至って、城下地主町湯屋横町の地主の子で商家出身の関運吉が、自力で学校を建設したいと建言して受け入れられた。そして、藩主居館表門外の広小路御舟蔵南方に学問所が建設され、ほどなく、都沢春雪が『孝経』聖治章より語を選び、教成館《こうせいかん》★と正式に命名された。運吉は学校守を命ぜられて素読指南役として勤務したが、寛政三年（一七九一）に一代御徒士組《おかちぐみ》に取り立てられ学頭となった。

学頭は関元龍と名のり、養軒と号した。元龍は「会業規条」において、学業の心得を次のように述べている。

一、▼凡《おおよ》そ会読《かいどく》は一人ごとに輪読《りんどく》す。読む者は字々響亮《きょうりょう》を要す。聴く者は常《じょう》

▼**教成館**

「聖人之教不粛而成、其政不厳而治」。（聖人の教えは粛《しゅく》ならずして成り、その政《まつりごと》は厳《げん》ならずして治《おさ》まる＝聖人の教えは特別に厳粛にしなくてもおのずから良い成果が現れ、その政治は特別に厳粛にしなくてもおのずから良く治まる）

一、通常、読書会は一人ずつ順番に読むこと。読む者は、一字一字はっきり大きな声で読むことが肝心である。聴く者は、しゃべったり笑ったりすることを禁じる。もし、疑わしいところがあれば、読むことを止めて、解決のために話し合うことである。あるいは、一説終わるのを待って話し合うこともまたよろしい。

一、質問者があさはかな内容を質問したとしても、決してあざけり笑ってはいけ

談戯笑《だんぎしょう》を戒む。もし疑わしきものあらば、読むを止めてこれを講ず。或いは一説の終わるを竢《ま》ちてこれを講ずるもまた可なり。

一、問いを発するものは、浅近《せんきん》の義といえども、あえて嗤笑《ししょう》するなかれ。高きに登るには卑きよりす。学問の道はこれを問うを大とす。

一、問うものは弟子の誼《ぎ》あり。宜しく遜言恭色《そんげんきょうしょく》にすべし。いわゆる一字の師を拝するは、すなわちこれ礼なり。

一、難を発して切磋《せっさ》するは朋友《ほうゆう》の道なり。勦説《そうせつ》するなかれ、雷同《らいどう》するなかれ。もっとも、他事《たじ》に及びて紛争に至るを戒む。

一、凡そ詩会はすべからく沈吟低唱《ちんぎんていしょう》すべし。咄嗟吁嗟《とっさくさ》して人の思索を妨ぐべからず。

一、詩作は人の句を偸《ぬす》むを禁ず。先に成る者は、すなわちこれを出すべからず。必ずまさに満座具備するを待つべし。

一、凡そ詩文の正を請う者は、字画楷正に、かつ伏して斧正《ふせい》を乞うと署し、姓名、拝首等の字に及ぶ。これをもって式となす。

一、会業《かいぎょう》すでに卒《お》え、筆硯几案《ひっけんきあん》及び火盆《ひぼん》諸器を整頓収撤してのち退出するも、またもって式とする。

学生はだいたい十歳から十六歳までの者が学んでいるが、文久二年(一八六二)度には田野崎小五郎（後の高平小五郎）が九歳の最年少で入学している。

ない。高度なレベルに達するには、初歩より始めるものである。学問の道というものは、疑問を発することこそが大事なのである。

一、教えを請う者は、教えてくれる人に礼儀を尽くさなければならない。必ず、謙虚に礼儀正しい態度をとらなければならない。いわゆる、「一字の間違いを教えてくれた師」を敬うのは当然の礼儀である。

一、難問を問いかけて互いに学問に励むことは、友人としての務めである。他人の説を盗んだり、また、簡単に他人の意見に同調してはいけない。もっとも、学問以外のことで争うことは禁じる。

一、通常、詩の会は静かに低い声で詠みなさい。驚いたり嘆いたりして、人の思索を妨げてはいけない。

一、詩作は人の句を盗んではいけない。先にできた者はすぐに発表せずに、全員ができるまで待ちなさい。

一、通常、詩文の添削を求める者は、楷書で正しく書き、さらに「謹んで文章の訂正をお願い致します」と書いて姓名を記し、「拝首」（頭を下げて礼をするの意味）などと加えることを掟とする。

一、勉強会が終わったなら、筆・硯、机上やたばこ盆などの諸道具をしまってから退出することも、また、掟とする。

教成館での勉学の内容は漢学（儒学）であるが、天保十四年（一八四三）頃の授業の日程は次のようになっていた。

毎朝	素読	
一ノ日	休日	
二ノ日	四ツ時揃（午前十時登校）	講釈
三・八ノ日	四ツ時揃（午前十時登校）	会読（諸子・歴史）
四日・二十四日	八ツ時揃（午後二時登校）	詩会
六ノ日	四ツ時揃（午前十時登校）	経書会読
九ノ日	八ツ時揃（午後二時登校）	復習
十日	四ツ時揃（午前十時登校）	見分（素読・会読）
十四日	八ツ時揃（午後二時登校）	文会
二十日	四ツ時揃（午前十時登校）	見分（詩文）

休日は毎月一日・十一日・二十一日の三日、十日と二十日にそれぞれ素読・会読と詩文の見分《けんぶん》★があった。その他の日は連日の課業であった。年間の開講（始業）日は正月二十一日、納会（修業）は十二月十五日であった。

成績は出席度数と九月に行われる大試（大試験）で判定された。試験は、五経生は四書一冊につき三カ所と五経六カ所を、四書生は四書一冊につき六カ所を指定され、一人ずつ決められた試験官の前で読書試験を行い、忘字が何字あったか

▼見分
検査・試験。

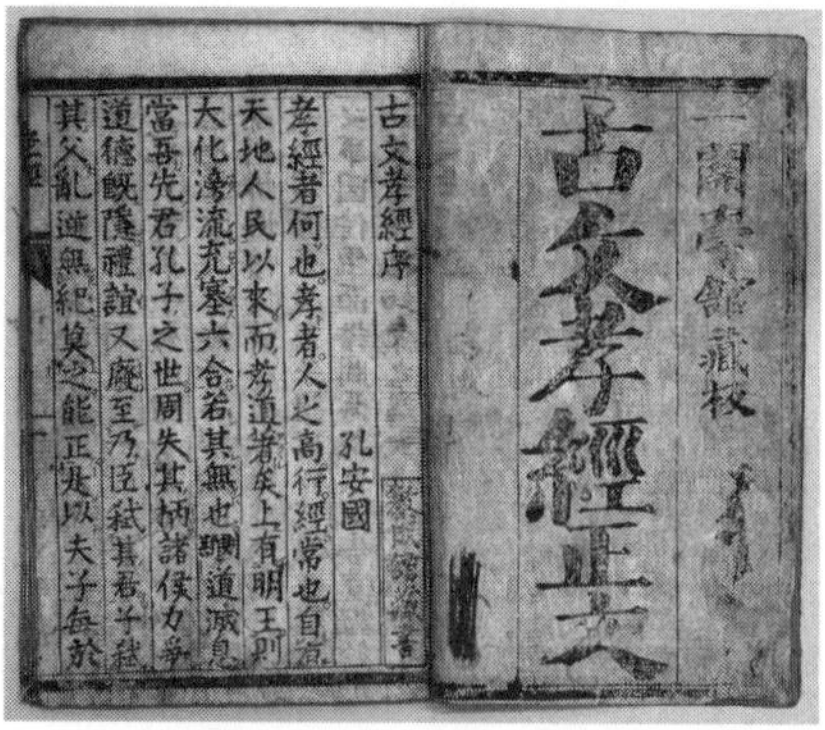

古文孝経正文（教成館出版）

によって成績が決まった。四書は「大学」「中庸」「論語」「孟子」、五経は「易経」「書経」「詩経」「礼記」「春秋」の各書。また、教授の講釈日と見分に三度以上欠席の者は目付と肝入から藩上層部に上申された。

文武館図

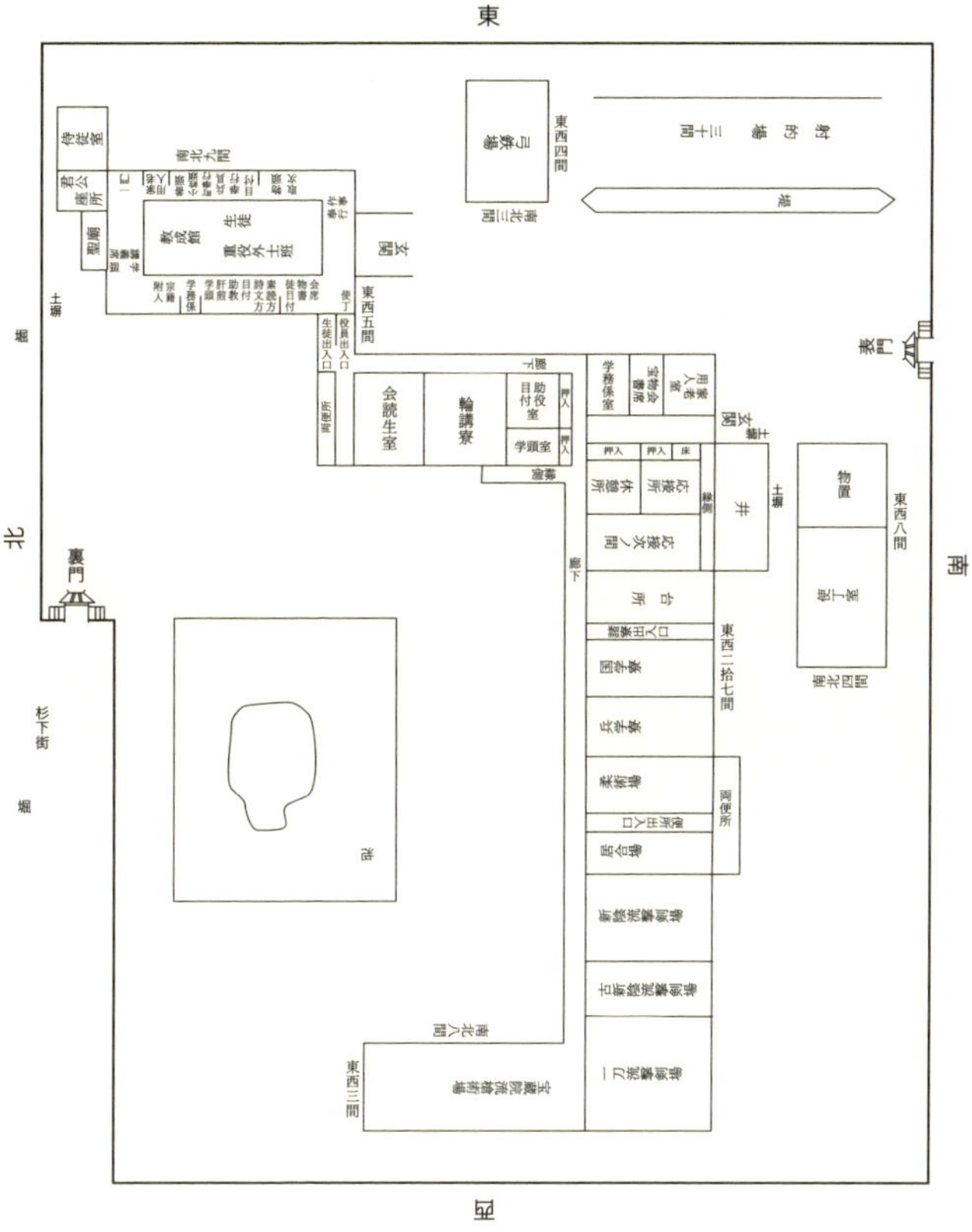

教成館は規模を拡大して城下大手門内（現在の一関郵便局）に文政元年（一八一八）に上棟、翌二年に移転した。講堂が一五間（約二七メートル）に七間（約一三メートル）、孔子像をまつる聖堂が四間（約七メートル）に一間半（約三メートル）、他に文庫や学頭長屋などがあり、幕末の文久二年（一八六二）に武館を増設して文武館と改称された。国学・算学・兵学が新たに採用され、武術も組織的に教授された。

医学校「慎済館」

江戸時代の医学は、当初漢方の後世派《ごせい》★が主流であったが、享保（十八世紀前期）以降古方派《こほう》★が台頭した。そして、安永三年（一七七四）の『解体新書』出版後は蘭方《らんぽう》医学★が加わり、一関地方では建部《たけべ》家を中心として発展した。後期の天明から天保のころ、城下の藩医は二二家あり、本道《ほんどう》科（内科）が一二家、鍼灸科が六家、瘍《よう》科（外科）が二家、眼科が二家であった。また、流《ながれ》郷に在村の藩医が六家あった。これに民間医が数家加わった。小さな城下・藩領にしては医家が多く、幕末の藩医学校の開設につながっていった。天保十一年（一八四〇）八代藩主田村邦行が家督相続後、医業の拡張をはかり、弘化二年（一八四五）に城下表吸川小路に医学校をつくり慎済館《しんせいかん》と名づけた。藩医佐々木僊庵《せんあん》と笠原耨庵《どうあん》を学頭とし（僊庵は追って総裁となる）、田野崎三徹（高平小五郎の実父）を館内に定住させて教育を行った。

▼後世派
中国中世の金・元の医学を信奉。

▼古方派
漢の時代の医学に立ち戻ることを主張し、それに日本独自の医学を取り入れた、いわゆる漢方医学。

▼蘭方医学
オランダから伝わった西洋医学。

◆2

蘭学の系譜

名医建部清庵、「一関に過ぎたるもの」といわれ代々清庵を襲名し藩医として地域に貢献。天明五年（一七八五）の藩医一六名による刑死人の解剖は東北で初期の人体解剖であった。清庵の門人大槻玄沢は江戸で芝蘭堂を開塾、第一人者として蘭学の普及に尽くした。

建部清庵

一関藩は蘭医学に対する関心が深く、初期の人体解剖の実施や大槻《おおつき》玄沢《げんたく》の活躍などにその一端が示されている。その契機は建部《たけべ》清庵《せいあん》がつくったといっても過言ではない。一関には「一関に過ぎたるものはふたつあり、時の太鼓に建部清庵」という俚諺《りげん》が今に生きているのである。清庵は藩医であり名医であった。初代より五代まで代々清庵を襲名し藩医を勤めてきた。よって、清庵はひとりの人物をさすというより、藩医としての代々の清庵家の医療活動に対して地域の人々は敬意を表してきたのであった。

初代清庵元水は、堀長門守《ほりながとのかみ》（信州須坂藩）に仕えていたが、「外奉公《そとぼうこう》御《お》構《かまい》」★の条件で暇を乞い奥州へ下った。家中の者の瘡毒《そうどく》★を治療した評判が初代藩主田村建顕の耳に入り、元禄十年（一六九七）に召し出された。その後、享保二年（一七一七）

▼**外奉公御構**
他大名への奉公を禁ずる。

▼**瘡毒**
梅毒。

建部清庵（二代由正）画像

に至り堀家との御構がとかれ、十五人扶持と切米金七両二分で正式に一関藩士となった。先祖は建部大社のある近江国《おうみのくに》（滋賀県）栗太郡の出身という。二代清庵由正のときに、百十石の知行取、目付格となって、外家中の裏吸川小路から内家中の川小路に屋敷替えとなった。五代清庵の嘉永二年（一八四九）には、さらに内家中の大手門内南側に屋敷替えとなった。

清庵はひとりではなかったわけであるが、冒頭に述べた地域の蘭医学や建部家の発展の土台をつくったのは二代清庵由正であった。宝暦七年（一七五七）頃、積年の医業と宝暦の飢饉時の救荒に尽くす姿が認められ、身分と俸禄が大幅に上昇した。宝暦飢饉時の見聞がもとになって著された『民間備荒録』と『備荒草木図』は救荒書のさきがけとして高く評価されている。これら二書は備荒録が明和八年（一七七一）、草木図が天保四年（一八三三）に江戸の書肆により出版され、以後の救荒書に大きな影響を与えた。

また、江戸の杉田玄白との親密な交流があり、これが大槻玄沢を生み、地域の蘭方医学発展の契機となった。清庵と玄白は一度の面識もなかったが、頻繁な文通により強い信頼関係を結び、玄沢を江戸の玄白のもとへ遊学させたり、息子を玄白の養子とした。文通書簡のうち、医学的専門性の高い二往復分が寛政七年（一七九五）に弟子の玄沢らによって『和蘭医事問答《おらんだいじもんどう》』として出版され、蘭学を志す者の必読書とされた。

民間備荒録

清庵の診療

清庵家は藩医であり、藩主や家中の診療にあたったと思われがちである。本務はそうであったが、一関藩においては、その寸暇に百姓・町人の診療をすることも義務とされた。医業を怠ったり技術の未熟な者は、代々の藩医であっても解役された。ゆえに医師修業も厳格で、通常の四書五経などの漢学を終えて藩医のもとで医学を学び、さらに江戸の先進の蘭学塾・蘭医学塾で数年間学び、帰郷して医師として立った。清庵家では前記のように江戸の杉田塾との関係が深く、子弟を遊学させた。

清庵家の屋敷には、敷地内に隣接して塾舎があり、塾生の教育とともに来診する患者の診療を行った。診療の様子は塾生の残した診察記録によりうかがうことができる。一関藩領下《しも》油田《ゆだ》村（一関市花泉町油島）出身の佐々木寿仙という塾生が、文化八年(一八一一)春から九年十月頃までの約一年半にわたって記したものである。三代建部清庵由水の代の一七五人分の記録である。

来診する患者の身分階層（家族を含め）は、藩士層は一一パーセント、百姓は二二パーセント、町人は三六パーセント、その他（武士ではないが百姓か町人か不明）は三一パーセントであった。藩士層は全体の約一一パーセントで、庶民階

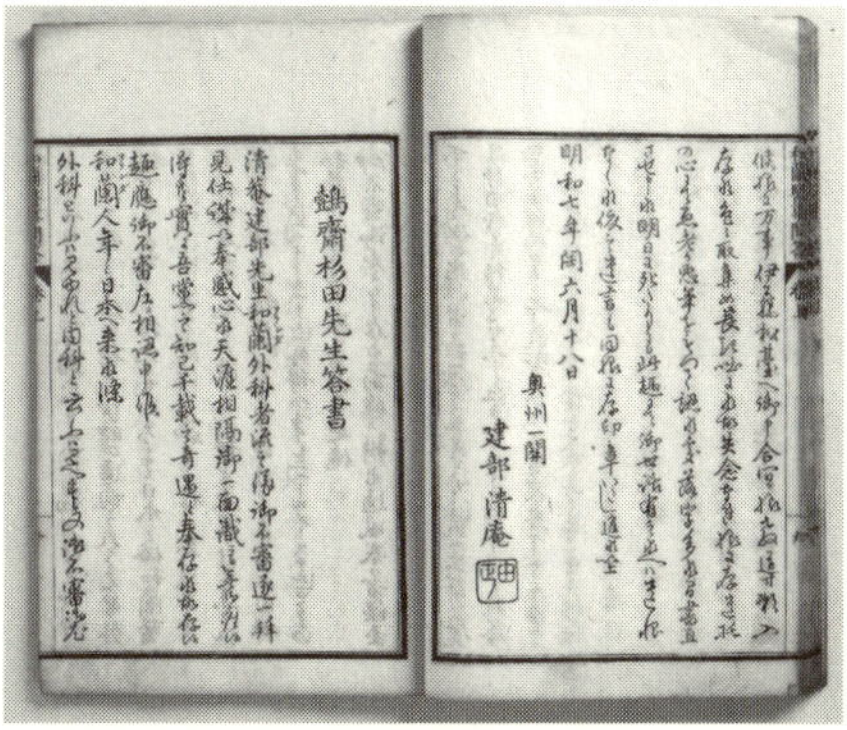

和蘭医事問答

層が全体の約八九パーセントである。

性別は、男が五三パーセント、女は三八パーセント、不明が九パーセントであった。

年齢層は、十歳未満は一一パーセント、十代は一六パーセント、二十代は七パーセント、三十代は五パーセント、四十代は二パーセント、五十代は二パーセント、六十代は二パーセント、七十代は一パーセント、不明は五四パーセントであった。なお、不明分は、内容から、少なくとも二十代以上と判断できる。

患者の居住圏は、一関城下を中心として、近郷近在からあまねく来診があった。一関藩は仙台藩領の中に分藩された支藩であるので、仙台藩領は目と鼻の先である。この場合、藩境というものは全く関係なく人々は来診している。しかし、来診圏は磐井郡（現在のほぼ一関市域）・栗原郡に胆沢郡前沢・衣川と自ずから通える範囲にまとまっている。また、難病の子どもを連れてきた石巻の商人もおり、江戸や仙台からの行商人や旅芸人もいた。

症状は、外科的なものは、腫れ物・できもの・湿疹・切り傷・骨折・打撲・火傷など三三・三パーセント。この中で目立つのは、腐骨疽《ふこつそ》といわれた、慢性骨炎によって骨が腐る病気、カリエス的な症状を呈するものである。カリエスは肋骨・脊柱などに起こり、脊椎の場合は骨が湾曲するという。現代では主に結核起因によるものとされる。そして、意外なことに、切り傷は、自殺未遂で喉を切った二十一～二十二歳の女性一例のみであった。いわゆる刃傷沙汰などによるけがなどは全くないのである。また、手を蜂に刺され、痛みなし、痒みありなどという女児なども訪れるのである。

内科的なものは、全身水腫（むくみ）・流注《るちゅう》（身体内部に発生し膿を出し各所に転移する治療困難な腫れ物、今日でいうところの癌的な病気）・血塊（体内に血の塊ができる）・喘息・癆症（肺結核）・痢疾（下痢をともなう伝染病）・蚘《かい》虫（寄生虫症）・痘瘡（天然痘）・丹毒《たんどく》（傷口から感染する伝染病）などで四三・〇パーセント。全身水腫・流注・血塊などやっかいな病気が多く持ちこまれている。

婦人科的なものは、赤白帯下《こしけ》・赤帯下・帯下（帯下はおりもの、赤は血性、白は膿性などをさす）などの婦人病、産後の不調、小産（流産）などで五・四パーセント。婦人科系で来診する者は少ない。これは、他に専門とするところがあったのか、医師の診療を受けなかったのか、何らかの社会的要因があったのかわからない。

精神科的なものは、癲癇《てんかん》・［疒＋虚］《きょ》（鬱病）・神経病・狂気などで三・二パーセント。

眼科的なものは、雀目《じゃくもく》（鳥目）・瞟眼《ひがらめ》（斜視）・眼病などで一・六パーセント。

耳鼻咽喉科的なものは、耳不聴・蝦蟆瘟《がまえやみ》（耳下腺炎）・耳鳴り・舌疽《ぜっそ》（舌のできもの）・口中できもの・口臭・歯痛・鼻膿汁で五・四パーセント。

性病は、黴瘡《ばいそう》・梅瘡・結毒などと表記された梅毒、痳疾（淋病）・下疳《げかん》・風眼

建部清庵の屋敷（昭和前期）

（淋菌性結膜炎）などで七パーセント。

その他は早漏と酒毒（アルコール中毒）などで一・一パーセント。

以上、来診する者は、上は藩主の家門にあたる最上級武士から下は在々の庶民まで、身分の別なく来診し差別なく診療を受けている。しかし、ここには被差別民などの賤民は入っていない。おそらく、清庵塾にかかわらず医師に診療を受けることはなかったのであろう。症状は、診療科目を問わずあらゆる病気やけがが持ちこまれている。子どもや若い者ほど治療を受け大切にされている。患者は、日帰りの範囲のどこからでも来診する。江戸時代の医療の実態である。

治療手段は、ほとんどが投薬であるということにつきる。漢方薬を主体として蘭方の薬が加えられている。種類は大まかに服薬・膏薬・煉薬・貼薬・洗薬・塗布薬・蒸薬である。薬のほかには、灸がよく使われている。その他、腫れ物の切開が二例、骨折の整術、スポイト（灌腸）使用、瀉血《しゃけつ》★が各一例あった。鼻血の治療で、頭に濡れ紙を敷き、その上を火のしでこするというのもあった。

▼瀉血
静脈から血液を抜く治療法。

塾生への指導

ある日、黒沢（一関市萩荘）の平右衛門という百姓が背中に大癰《だいよう》★をこしらえてやってきた。塾生の佐々木寿仙が切開するが、初めに十文字に切り、次に隅違

▼大癰
大きな悪性の腫れ物。

い（対角線）に斜めに切り、一気に四針入れて切開を完了させた。患者を帰宅させて先生に報告すると、先生は翌日平右衛門宅に往診して帰って寿仙にいった。「あの癰の切り様至って悪し」。先生が初めに「至ってあやうし」といった衰弱した患者であったので、一気に切開してしまえば体が耐えられないということであった。このような場合には、初日に十文字に浅く切り、二日目に斜めに一針、三日目に斜めにもう一針と徐々に深く三日にわたって切るべしということであった。寿仙はよほど気に病んで、以後、特に平右衛門の治療には執心したが、一カ月程後に治療のかいなく死亡してしまった。他にも、病状に応じた具体的な薬の処方、病状による余命の可能性、初方で効果のない場合の転方などの指導がその都度加えられている。また、薬の処方について「大人・小人・老・少、病ノ初発、病ノ終、スベテ心用《こころもちい》調合スベシ」というような、医師の心構えについての指導もあった。門人・塾生に対して、きめの細かい指導が、実際の医療現場でなされていることがわかるのである。

佐々木寿仙自画像

人体解剖記念碑「豊吉之墓」

第二次世界大戦終戦直後の昭和二十二年（一九四七）、地元の郷土史家で小学校教員であった長田勝郎《おさだかつろう》氏（故人）は、東北本線線路脇の草叢《くさむら》に傾いて半ば土中に埋もれた石碑を発見した。高さ七八センチメートル、幅二四センチメートルほどで、正面に「豊吉之墓」、背面と側面の三面にはその由来が刻まれていた。碑文を解読してみると、「天明五年(一七八五)十一月十三日に、盗賊の豊吉が斬刑となり、一関藩医一六人が遺体を藩に願って下げ渡してもらい解剖した。医学の発展にとって有意義であり、これを後世に伝えるべく建碑した」ということが記されていた。この田圃と草叢になっていた場所は、江戸時代には橋田原刑場とよばれた処刑場であった。他に二基の石碑もあった。長田氏が発見するまで、この事実は全く知られておらず、史料や口碑のひとつもなかった。こうして、本藩の仙台藩にさきがけること十三年、東北でも初期の人体解剖が一関藩医の手で行われたことが世に出た。昭和四十一年(一九六六)、墓碑は一関市医師会により五〇メートルほど南の国道沿いに移され、市指定文化財として保存されている。二〇二〇年前の全国的にも希少な解剖碑が現地保存されている意義は大きく、一関藩の蘭学・学問に対する先進性の象徴として大切にされている。

大槻玄沢の活躍

大槻玄沢《おおつきげんたく》は宝暦七年(一七五七)九月一関に生まれた。父の玄梁《げんりょう》は、仙台藩磐井郡西岩井の大肝入を世襲した大槻家に生まれたが、一関藩医建部清庵に学び医師

豊吉の墓

大槻玄沢画像

を志した。大肝入は上伊沢（岩手県奥州市）大肝入の千田家から養子に入った清慶が継いだ。この伯父清慶が博覧強記で、玄沢はいつも伯父のそばにすわって話を聞いたり漢学を学んだという。父は明和二年（一七六五）に一関藩医となったので、翌三年、十歳のとき父とともに城下桜小路に転居した。明和六年（一七六九）十三歳で建部清庵の塾生となり、医師としての修業を開始した。清庵塾では九年間学んだ。玄沢は清庵から命じられたことは、細筆で爪先に書いて忘れることはなかった。清庵はその勤勉な態度をほめ、これを「大槻の爪帳」といって、他の塾生の模範にしたという。

安永二年（一七七三）師の清庵は嗣子亮策（三代清庵）を江戸の杉田玄白の塾天真楼へ遊学させた。玄沢も遊学を望んだが清庵は許さなかった。その後帰郷した亮策の説得で遊学は許され、安永七年（一七七八）、再び出府した亮策の紹介で晴れて杉田塾へ入塾した。二十二歳であった。

江戸で玄沢は蘭学を学ぶことを決意する。このことは蘭方の医術を学ぶこととは違って、オランダ語の原書からもろもろの西洋科学を研究するということである。オランダ語が理解できなければ話にならないことであった。そもそも誰から学ぶのか。栄達を求めず、弟子も取らず、世俗と隔絶した研究肌の前野良沢を師と定めたが、良沢は頑として入門を許さない。玄沢の数度にわたる懸命な願いにより、良沢もついに折れて入門を許した。

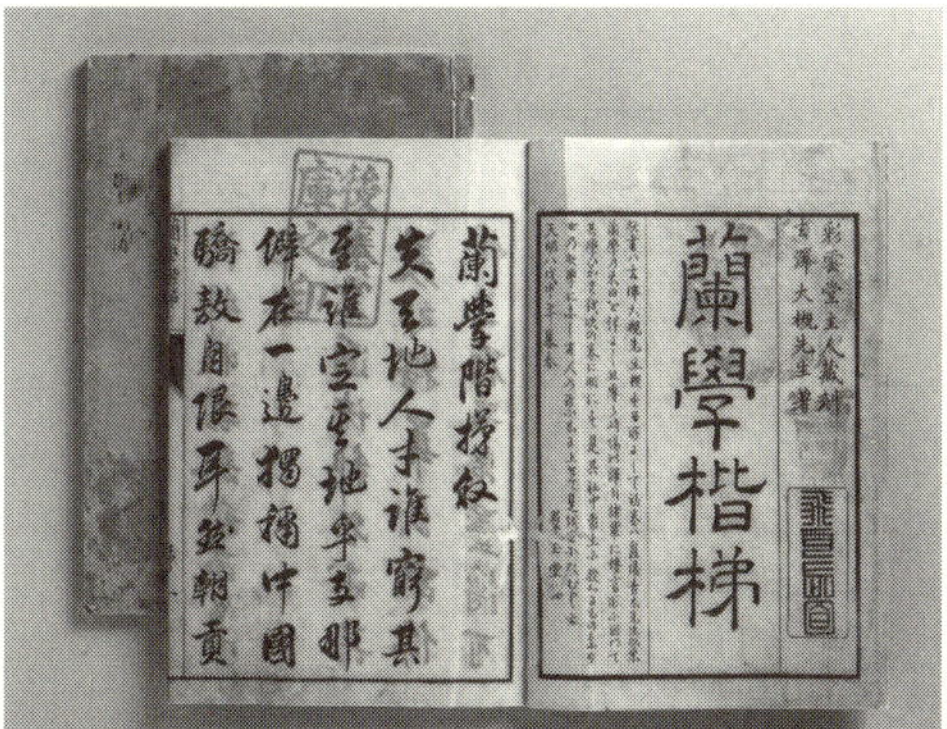

蘭学階梯

天明五年（一七八五）から六年にかけて長崎に遊学し、オランダ語を学んで帰った玄沢は、一関藩から仙台藩に移籍する。この陰には仙台藩士工藤平助の尽力があった。玄沢はもとより、オランダ語の師、前野良沢も玄沢の江戸遊学期間が切れるのを嘆いていた。それを良沢から聞いた工藤が仙台藩首脳にかけ合ったというのだ。この結果、玄沢は仙台藩医となり、江戸定府の上、外宅を許され蘭学塾芝蘭堂《しらんどう》を開くことができた。

その後の玄沢は栄達の道を進んでいく。天明八年（一七八八）には、蘭学の入門書である『蘭学階梯』を著した。芝蘭堂には全国から塾生が集まり名声も全国にとどろいた。これらの塾生は玄沢の教えを受けて郷里に帰り、主に蘭方医として地域の医療に尽くした。師の杉田玄白没後は江戸蘭学の第一人者として、『重訂解体新書』等多くの著作を著した。文化八年（一八一一）、五十五歳になった玄沢は幕府の蛮書《ばんしょ》和解《わげ》御用《ごよう》に任ぜられ、フランスのショメール百科事典の翻訳書『厚生新編』の編纂にあたった。このことは、蘭学が幕府公認の学問として、その社会的地位を確立させたことを示していた。師の杉田玄白・前野良沢らが『解体新書』を出版してから三十七年が経過していた。文政十年（一八二七）、蘭学者として頂点を極めた玄沢は七十一歳で病没した。大槻玄沢は、蘭学の学問としての認知と普及に欠くことのできなかった人物であり、やがて来る日本の近代化のために果たした役割は特筆するものがあるであろう。

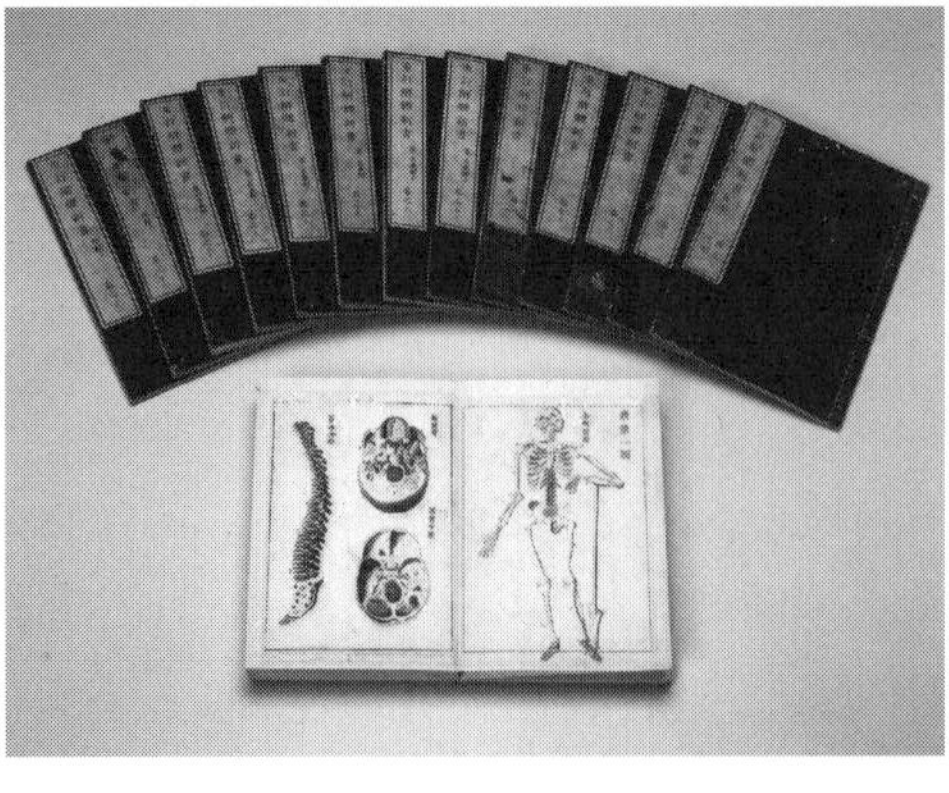

重訂解体新書

おらんだ正月

寛政六年（一七九四）閏《うるう》十一月十一日、江戸京橋水谷町（現銀座一丁目水谷橋公園付近）にあった大槻玄沢の私塾芝蘭堂で新年会が開かれた。集まった者は玄沢を入れて二九人、当時江戸にいた、蘭学を通じて心を開いて交流できる友人知己であった。ところで、閏十一月で新年会とはいかに。この日は太陽暦（新暦）の一七九五年一月一日にあたる。旧暦の時代に太陽暦で新年会を開いていたのは長崎出島のオランダ人たちであったが、この様子を見聞きしていた玄沢は、この習慣を江戸で再現することをとおして、蘭学の発展を強く願ったのであろう。

参加者は剃髪姿の蘭医学者をはじめとしてにこやかに酒杯をくみ交わしている。床の間の前で鵞ペン（羽ペン）を使って「エヌワリ（正月）ダイコウ（大光）」とロシア語で紙に書いている人は二年前にロシア漂流から帰還した大黒屋光太夫か、彼が向きあっている剃髪の人物は傍らの署名から博学の蘭学者森島中良か、などと想像がふくらむ。グラス、フォークやナイフがならび、洋酒・洋食の宴である。床の間には解熱剤ウニコールの原料である長い牙をもつ一角鯨の絵がかけられ、違い棚の上には鵞ペンがおかれ、さらに壁には古代ギリシャの医聖ヒポクラテスの画像がかけられている。まさに酒肴も雰囲気も西洋の新年会であ

芝蘭堂新元会図

った。おらんだ正月は芝蘭堂の名物として、息子玄幹の亡くなる天保八年（一八三七）まで四四回開かれた。

大槻玄沢とビール

ビールが日本に入ってきたのは江戸時代のことである。長崎出島のオランダ人たちが、舶載したものを飲んでいた。日本で最初のビールの記録は、享保九年（一七二四）の『和蘭問答《おらんだもんどう》』にあるもので、初めて将軍に謁見したオランダ商館長一行を尋問した調書であった。それには「麦酒給《たま》い見申し候《そうろう》ところ、殊《こと》の外《ほか》悪《あ》しき物にて、何の味わいもござ無く候。名をビイルと申し候」という日本人通詞の体験談が記されており、日本人による最初の評価は酷評であった。しかし、この報告も幕府役人の一部しかみることはできず、一般の人々はビールの存在すら知らなかった。

ビールを最初に世間に紹介したのは大槻玄沢であった。著書『蘭説弁惑《らんせつべんわく》』で「『びいる』とて麦にて造りたる酒あり。食後に用いるものにて、飲食の消化を助くるものという」と説明し、「びいるがらす」（ビールグラス）の絵とともに紹介している。蘭学者らしく薬剤的効果を強調している。

また、後に玄沢はフランスの百科事典をオランダ語版から翻訳する事業にたず

蘭説弁惑

さわっていて、この本は『厚生新編』と名づけられて幕府に秘蔵された。江戸時代最大の翻訳書といわれているこの大著の中で、玄沢はビールについて二十数ページも割いて詳述している。ビールの歴史・製法・効用・色・味等々まで紹介している。いわく「日本に舶載されたものをみると濃・淡の二種類ある。色が淡いものは甘酸っぱくて渋い。濃いものは特に渋みが強い。試飲してみると、普通の酒や葡萄酒などのように甘美なものではない。それでも、ヨーロッパの人々は酒宴の際は必ずこれを飲んで酔い楽しむという。また、常飲すれば消化をたすけ元気を回復するという」。押しも押されもせぬ蘭学の大家、玄沢先生はワインの味はもちろんのことビールの味までちゃんとご存じだったのである。

日本で最初にビールを世間に紹介した人物、かつ、一般に普及する明治以前の最大の理解者は大槻玄沢に他ならなかった。玄沢の故郷一関に、平成八年(一九九六)地ビールが誕生した。世界的なコンクールで金賞を獲得するなど、業界では知られたビールという。因縁恐るべしというべきか。

③ 和算の隆盛

数学絵馬「算額」の伝存数日本一の一関は数学ワールドだった。その中心は千葉雄七胤秀。

教科書を発行し出張教授で和算を普及し、門弟は身分を超えて三〇〇〇人を数えた。

藩主も自ら熱心に和算を学び保護し、村々では百姓の少年が大人に交じって問題に興じた。

千葉雄七胤秀の登場

一関は和算が盛んな土地であった。和算は鎖国下で発達した日本独自の数学である。上は殿様から下は百姓の子せがれまで数学を愛好した。村々の神社には、数学の問題が書かれた絵馬が盛んに奉納された。算額と呼ばれるこの絵馬は現在まで伝えられ、一関市が市町村で第一位というその数が、江戸の数学ワールドといっていいその世界を今に伝えている。

和算の隆盛に貢献したのは一関藩士千葉雄七胤秀《たねひで》であった。雄七は安永四年(一七七五)に一関藩領磐井郡流《ながれ》の清水村(一関市花泉町)の百姓の子に生まれた。藩の家老で和算家であった梶山次俊に和算を学び、近村の峠村(一関市花泉町)佐野屋敷の婿養子となった。文政元年(一八一八)に、江戸の長谷川寛《ひろし》道場の遊歴和算家山口和《かず》と出会い、山口のすすめで長谷川寛道場に入門して本格的に和算研

千葉胤秀画像

究に打ちこんだ。免許皆伝を受けて帰郷した雄七は、文政十一年（一八二八）に一代限りの侍に取り立てられた。さらに、天保二年（一八三一）に『算法新書』を出版した功績により代々藩士として「数学家業」を命ぜられ、城下に屋敷と道場を構えて和算を教授した。一方で村々を廻村して教授したため、各村で和算愛好者が増え江戸時代の終わり頃には、地域の和算人口は三〇〇〇人はいたといわれるほどであった。

算額

村々に残る算額と和算書が和算の世界をよみがえらせてくれる。特に算額は、神社や仏閣といった地域の中心的な場所に奉納されただけに、目立った存在である。現在岩手県内にある算額は一〇三枚で、福島県についで全国第二位の数となっている。一関市の五八枚は市町村では全国一であり、一関を中心とした県南部が県内の八割を占めている。一関周辺の算額はほとんどが千葉胤秀の影響によるもので、農民和算家が奉納したものが多く、これがこの地方の和算の特徴となっているといわれている。

算額に書かれている問題は図形に関するものがほとんどである。奉納することの意味が、難解な問題が解決できたことを神仏に感謝をあらわした、自己の能力

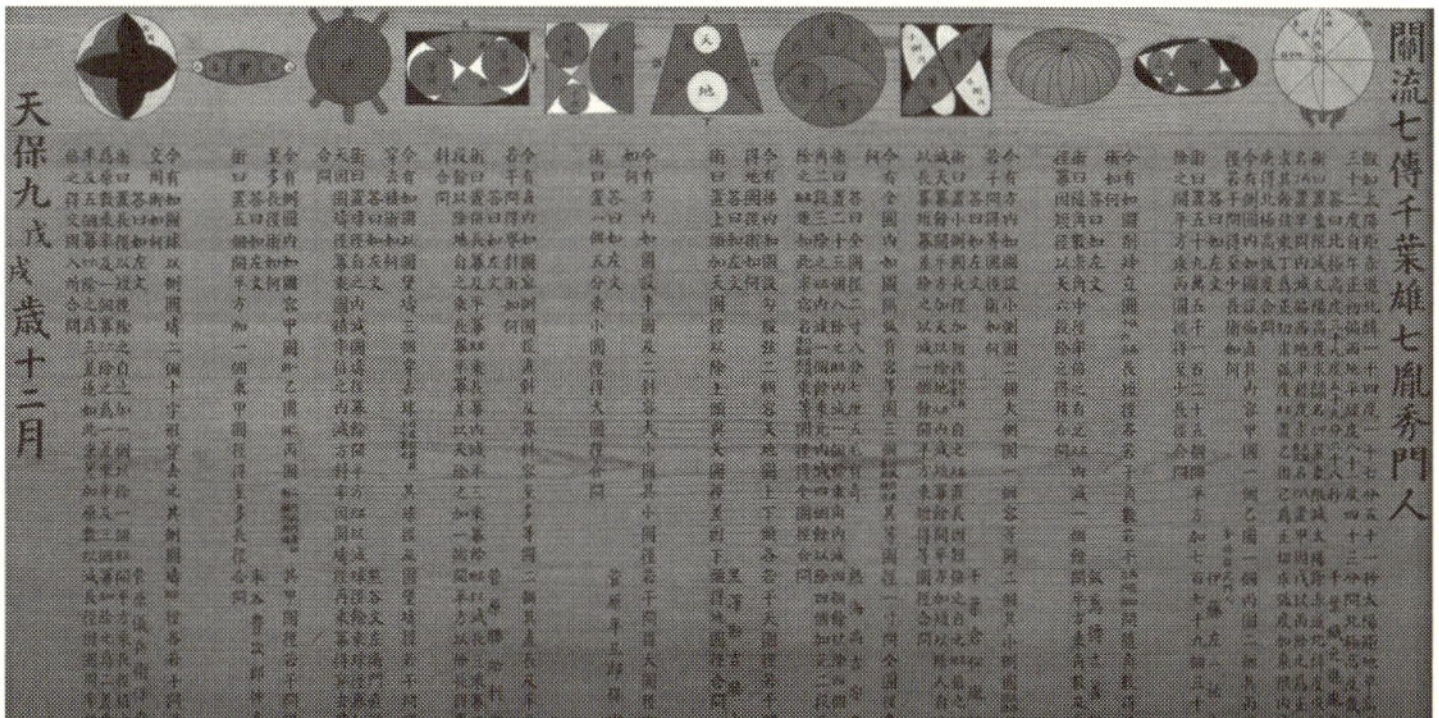

一関八幡神社算額（復元）

を周知させようとした、研究発表の手段であったなどと考えられているので、美しく目立つことが重視されたともいわれている。問題は中学生でも解けるものも若干あるが、高校生以下で解けるものは一割ぐらいといわれている。算額は知的好奇心をくすぐり和算発展の原動力となった。

教科書の発行と出張教授

千葉雄七胤秀が学んだ江戸の長谷川道場は、全国に知られた有名な和算塾であった。その成功の理由は、教科書の発行、通信教育、出張教授の三つだという。雄七はこれを一関で実践した。著書の『算法新書』は二二六丁にも及び、丁寧でわかりやすい説明があり、独学にも通信教育にも使えるすばらしい教科書であるという。また、積極的に出張教授を行い、近在はもちろん仙台藩領にも足をのばした。その影響は盛岡藩領にも及び、門弟は三〇〇〇人をこえていたともいう。雄七の教えを受けた者が村々の拠点となってさらに教えを広め、数学ワールドを形成していった。時代の背景は、飢饉や沽却禿《こきゃくつぶれ》★などで農村が荒廃していた時期である。こころある百姓は村の更生を考え、藩もまたそれを強く指導した。このような農民に和算は受け入れられた。論理的で合理的な思考を要する数学が、特に村役人層の意識にひびき一種の人材養成学となった。雄七は自身が和算で養成

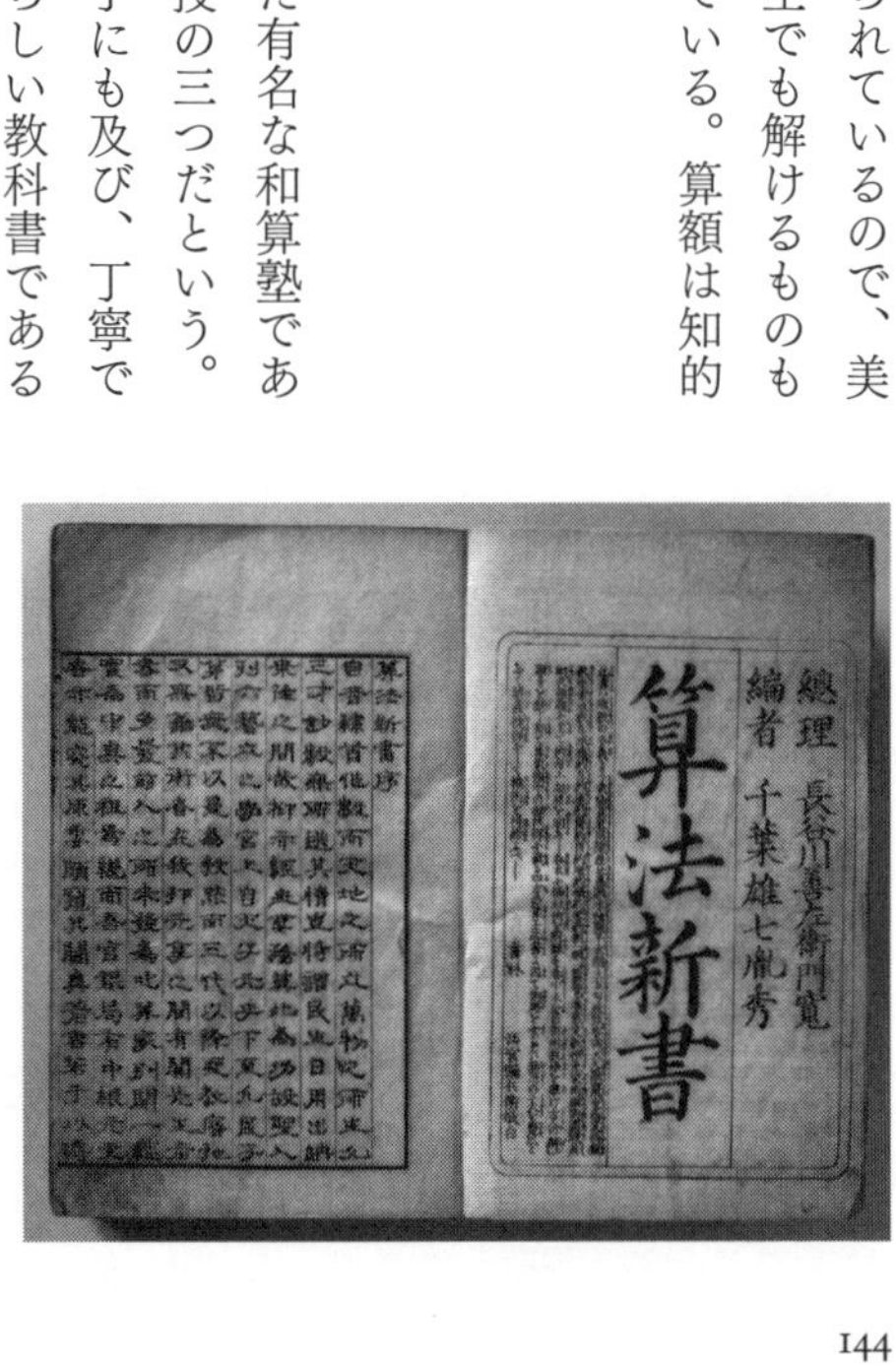

算法新書

▼沽却禿
家・田畑・家財を売り払って破産する。

されたように農民の養成をはかり、農村の更生を願った。それは自分を登用した藩主の考えとも一致していた。

村役人の計数能力

江戸時代の一関藩は村請制が徹底しており、特に、年貢・諸役の割付・徴収は、村肝入が高《たか》組頭（五人組頭とは別に任命された納税事務に携わった組頭）を指揮して多種多様な納税事務をこなした。村民一人ひとりの年貢・諸役について、税種ごとの持高に応じた負担額の割付計算をして、徴収し決算して大肝入へ納付しなければならなかった。村役人は計数能力と人物に適性がなければ勤まらなかった。村の和算の中心が村役人層であったことをみれば、こうした計数能力の定着が高度な和算を受け入れる土壌ともなっていたといえよう。

殿様と和算

峠村の百姓雄七は村内に配置されていた足軽組に採用されていたが、さらに侍に取り立てたのは七代藩主の田村邦顕《くにあき》であった。若いが聡明な藩主で、学問・武術の興隆に力を入れ、自ら人材の養成に臨んだ。出精の者は、身分の上下にかか

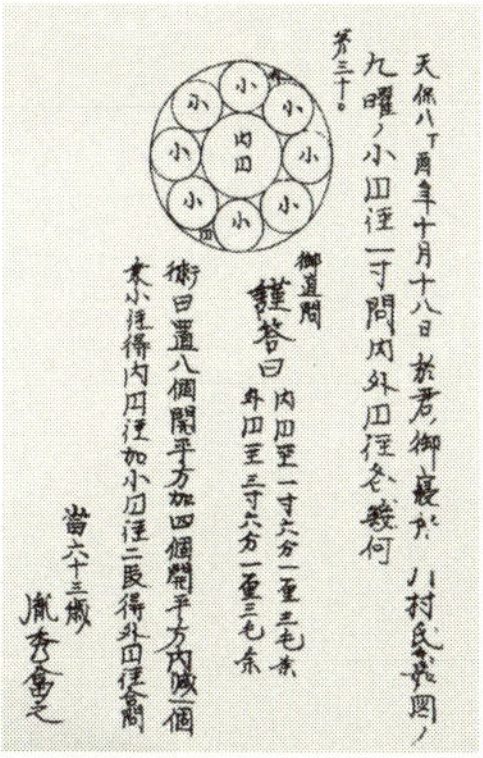

殿様の作った問題

わらず呼び出して、藩主直々に面談して成果を問うた。雄七が呼び出されたのは当然であった。その場面のひとこまが雄七自筆の記録に残っている。天保八年（一八三七）の十月十八日、殿様の寝所に呼ばれた雄七は、殿様自身が作った問題を出され解答している。殿様の家紋のひとつ九曜紋を使った問題で、小円の直径が一寸のとき内円と外円の直径はそれぞれいくらかというものである。雄七自身の面目躍如と、当時十六歳の若殿様のきらきらした顔が目に浮かぶではないか。

邦顕の弟で次の八代藩主邦行《くにみち》も和算に熱心で、自ら雄七胤秀より皆伝を得、「探策」の自筆書額を雄七の和算道場に掲げさせた。

百姓の少年亀蔵と算額

十三歳の少年亀蔵は、弘化四年（一八四七）、大人たちに交じって赤荻《あこおぎ》村（一関市赤荻）の観音寺に自作の問題を掲載した算額を奉納した。亀蔵の問題は、直角三角形に内接する大中小の円のうち、小円の直径が一寸のとき大円の直径はいくらかというものであった。大人の中に自分の名前のある作題を神社に奉納した亀蔵の得意満面な顔が目に浮かぶではないか。

亀蔵の作った問題

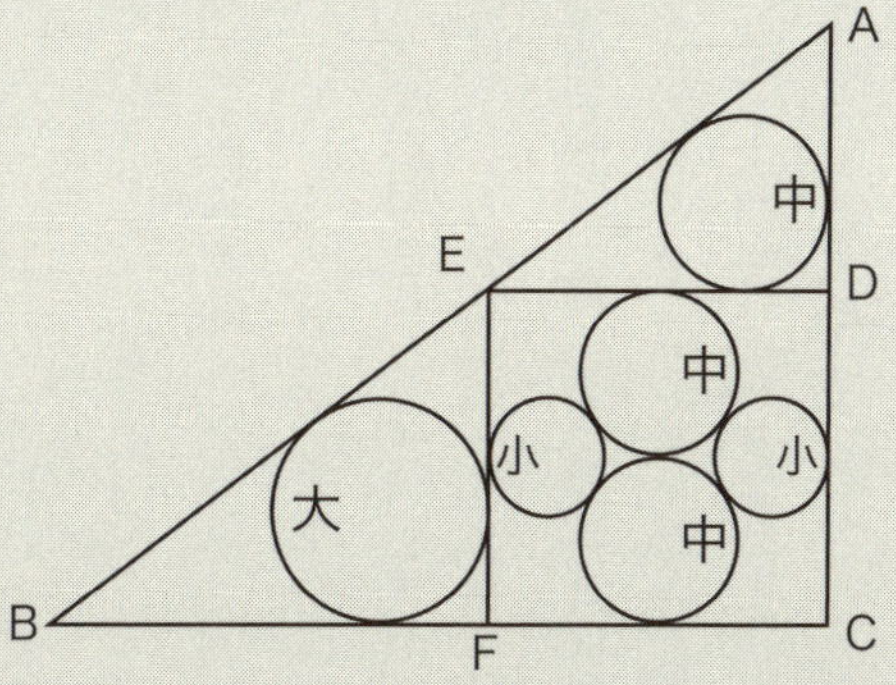

AC：CB：BA＝3：4：5 の直角三角形 ABC の内部に、図のように正方形 CDEF と大円 1 個、中円 3 個、小円 2 個があります。
大円は、△EBF に内接し、中円のひとつは、△AED に内接しています。
また、正方形内の中円 2 個と小円 2 個は互いに外接しています。
小円の直径が 1cm のとき、大円の直径は、何 cm でしょうか。

＊問題は、現代風に改めています。
解答は、次ページにあります。

（一関市博物館提供）

和算の伝統

　作家の井上ひさしさんのエッセイ「『道場破り』をしながら旅をした遊歴算家」（『死ぬのがこわくなくなる薬　エッセイ集8』中公文庫）に、昭和二十四年（一九四九）に井上さんが半年ほど通った一関の中学校の話が出てくる。やたら数学の時間が多く、夕方まで補習があって、教師が「東北六県数学通信コンテストで一位の座を明け渡しては伝統を汚すことになる」とよくいったという。数学というと目の色を変え、よくできるこの地は一体なんなのだろうと書いている。後年『算法新書』を編んだ千葉胤秀を紹介した本を読んでこのことが理解できたと、独特のユーモアにくるんで述べている。殿様から百姓の少年まで熱中した和算の伝統は、昭和三十年（一九五五）頃まで村の「算盤《そろばん》道場」をつうじて伝えられていた。

〈解答例〉

大円、中円、小円の半径をそれぞれR、r'、r とすると条件より

$2r=1$　…①

BC：CA＝BF：FE＝4：3 であるから BF＝a とおくと

$FE=\frac{3}{4}a=4r'$　…②

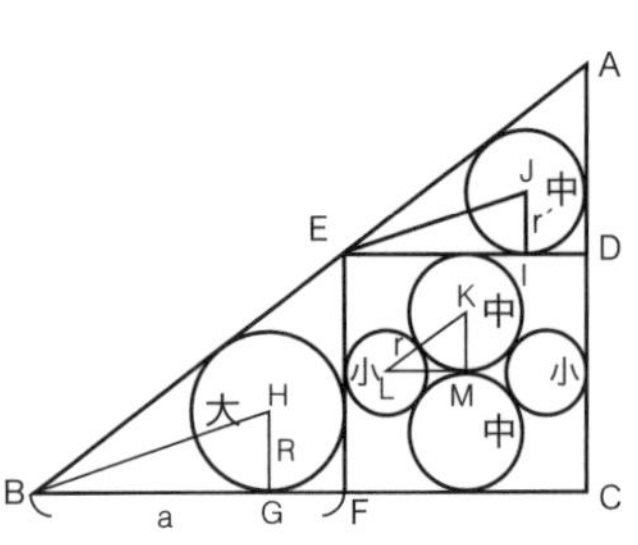

⊿KLM において

$(r+r')^2=r'^2+(2r'-r)^2$

展開して

$r^2+2rr'+r'^2=r'^2+4r'^2-4rr'+r^2$

$\therefore 6rr'=4r'^2$　　$\therefore r'=\frac{3}{2}r$　…③

また⊿BGH ∽ ⊿EIJ より

$\frac{a-R}{R}=\frac{4r'-r'}{r'}=3$　　$\therefore a=4R$　…④

②より　$a=\frac{16}{3}r'=\frac{16}{3}\times\frac{3}{2}r=8r$

従って④より $2R=\frac{1}{2}a=4r=2\cdot\underset{\substack{\parallel\\1}}{2r}=2$

答　大円の直径は 2cm

この問題は、直角三角形における三平方の定理（和算では勾股玄《こうこげん》の定理）と三角形の相似による比例関係を用いれば解ける。

これも一関

お国自慢 ここにもいた一関人①

近代日本を彩る一関出身者たち

我が国初の国語辞書『言海』の著者
大槻文彦《おおつきふみひこ》（一八四七〜一九二八）

大槻磐渓の三男として江戸に生まれた。明治八年（一八七五）二十九歳のとき勤務していた文部省より国語辞書の編纂を命ぜられ、十六年の歳月を費やして我が国初の国語辞書『言海』を完成させた。『言海』は昭和二十四年（一九四九）に紙型が焼失するまで七〇〇版を超えて重版され、国語辞書不朽の名著として名を残している。明治四十五年（一九一二）からは新たな辞書編纂に取り組み、没後も協力者によって作業は継続され、昭和七年（一九三二）に『大言海』として第一巻が出版され、十年に全巻が完成した。また、文法書としての『広日本文典』、歴史書としての『伊達騒動実録』などの著作がある。宮城師範学校、宮城県尋常中学校の校長を歴任した。大槻家は、祖父玄沢、父磐渓、別家に仙台藩校養賢堂学頭を勤めた平泉《へいせん》・習斎《しゅうさい》が居り、「西に頼《らい》氏あり、東に大槻氏あり」といわれた。

洋風彫塑の先覚者
長沼守敬《ながぬまもりよし》（一八五七〜一九四二）

安政四年（一八四七）、一関藩士の子として城下八幡小路に生まれた。十八歳で上京してイタリア公使館に勤務し、公使の帰国に従ってイタリアに渡り、ベネツィア王立美術学校で彫刻を学び卒業した。帰国後、明治美術会の創立に参画し、東京美術学校塑像科の初代教授に迎えられて、洋風彫塑の先覚者として名を成した。代表作として、パリ万国博覧会で金牌を受賞した「老父」（東京芸術大学蔵）や「ベルツ博士像」（東京大学蔵）などがある。

我が国初の鉄筋コンクリート建築設計者
阿部美樹志《あべみきし》（一八八三〜一九六五）

明治十六年（一八八三）、大工の子として一関に生まれ、札幌農学校土木工学科に学んだ。明治四十四年（一九一一）に、農商務省海外練習生、鉄道海外研究生としてアメリカのイリノイ大学大学院に留学し、卒業論文「鉄筋コンクリート造剛接加工理論と実験に関する研究」で博士号を取得した。帰国後は、わが国初の鉄筋コンクリート建築であった東京・万世橋間高架鉄道や大阪環状高架線、日比谷映画劇場、阪急デパート、東京宝塚劇場などを設計し、貴族院議員となった。戦後は、戦災復興院総裁となって焦土となった東京・名古屋などの復興に尽力した。地元では、一関のシンボル建築であった旧一関市役所庁舎、旧一関小学校講堂を設計した。

日本のアール・デコ、国際的家具デザイナー
梶田恵《かじたけい》（一八九〇〜一九四八）

明治二十三年（一八九〇）、旧一関藩士梶田高人の次男として生まれた。明治四十一年（一九〇八）、一関中学校を卒業して東京美術学校図案科に入学した。在学中に西欧様式の家具に関心を持つようになり、美術学校中退後は小山内薫の自由劇場の家具主任を勤めた。後に梶田スタジオを開き家具の製作をはじめ、処女作として製作した「日本間向姿見兼用装飾鏡台」はわが国最初の三面鏡といわれる。大正十四年（一九二五）には、フランス政府主催の「国際装飾美術現代工芸展」に「ライティングビュロー」（婦人用机）を出品し名誉賞を受賞、一躍アール・デコ作家として注目された。昭和十二年（一九三七）には、フランス政府主催の「国際工芸展」に「宝石箪笥」を出品し金賞を受賞した。わが国におけるアール・デコ様式家具の代表的デザイナーであった。

これも一関

お国自慢 これぞ一関の酒

一関自慢の酒をちょっとだけ紹介

奥羽・北上両山脈より湧き出づる豊かな水とうまい米。一関の酒には旧くからの息遣いが聞える。

世嬉の一

清涼な伏流水と山田錦のハーモニー

世嬉の一酒造（株）
TEL0191-21-1144

南部杜氏手造りセット

南部杜氏秘伝の技と愛情で醸した酒

世嬉の一酒造（株）
TEL0191-21-1144

磐之井大吟醸

ふくよかな香りと淡麗な味わい

磐乃井酒造（株）
TEL0191-82-2100

花泉ぼたん

コクのある豊饒な味わい

磐乃井酒造（株）
TEL0191-82-2100

花泉

飽きのこないすっきりとした切れ味

磐乃井酒造（株）
TEL0191-82-2100

関山純米吟醸

さわやかなのどごしと香りよい酒

両磐酒造（株）
TEL0191-23-3392

関山の辛口

淡麗にしてやや辛口

両磐酒造（株）
TEL0191-23-3392

関山カップ

親しみやすい関山のワンカップ！

両磐酒造（株）
TEL0191-23-3392

第四章 藩政の動揺と改革への動き

凶作・飢饉による藩政の疲弊、藩主が陣頭に立ち藩政改革を試みた。

①飢饉

飢饉は甚大な被害をもたらした。宝暦・天明の飢饉では領民の人口の二〜一三パーセントが失われ、天保の飢饉はそれを上まわった。天保七年（一八三六）の藩の収納高はわずか五五七石。冷害と穀物の大都市移出。藩は抜本的な対策を打ち出せなかった。

作況

江戸時代の東北地方は数万人以上の死者を出した大飢饉に何度かみまわれた。元禄・宝暦・天明・天保の飢饉を四大飢饉と呼んでいる。なかでも宝暦・天明・天保の飢饉の被害は甚大であった。

記録上最悪の数値を示す天保の飢饉の状況を、藩が収納した年貢高でみてみよう。天保四年(一八三三)千六百十石（斗以下切り捨て)、五年豊作、六年六千八百四十石、七年五百五十七石、八年六千百六石、九年千八百八十石、十年九千七百三十二石という前代未聞の大減収となっている。一関藩の幕末期の石高は三万三千石ほどで、理論的には最善の場合で一万五千石〜六千石の年貢収入があることになる。それが前記のような数値で、七年に至っては五百五十七石の収納高しかなかった。民間に渡る部分は推して知るべしといわざるをえない。

人的被害

死者数は、宝暦五年(一七五五)の飢饉では、盛岡藩五万人、仙台藩三万人、天明三年(一七八三)の飢饉では、盛岡藩六万五〇〇〇人、仙台藩一四～一五万人、過去帳の推計では岩手県域九万人、宮城県域二〇万人といわれており、天保年間の飢饉でもかなりの死者が出たものと推定されている。

飢饉は一瞬にして家族を崩壊させる。一関藩領市野々《いちのの》村（一関市）の百姓の主婦まつは、天保四年(一八三三)の飢饉によって両親が翌年死亡、七年の飢饉では夫が死亡し、九年には三男が九歳で死亡した。嘉永三年(一八五〇)には残った男児が十五歳で病死し、極貧者として藩の扶助を得なければならなかった。

飢饉の人的被害をもう少し具体的にみてみよう。宝暦の飢饉の被害は、寛延三年(一七五〇)の領民人口二万五〇〇九人が、宝暦七年(一七五七)には二万一八七七人と、わずか七年で三一三二人も激減したほど甚大であった。これは宝暦五年の飢饉によるもので、領民人口の約一三パーセントが失われた。天明の飢饉では、安永四年(一七七五)の領民人口二万二七三七人が天明六年(一七八六)には二万二五九人と二四七八人、約一一パーセントも減じた。

一関市萩荘《はぎしょう》の老流《おいながれ》に、宝暦・天明・天保飢饉による市野々村の死者を供養し

無縁塚

た「無縁塚」がある。天保十五年(一八四四)三月に建てられたもので、碑文や建碑の事情が刻まれている。

対策

対策とは、飢饉を回避すべく政府が行う方法をいう。

天保四年(一八三三)に、磐根市郎兵衛に郡村撫育方を命じ村方の救済策を講じさせた。磐根家は菅原屋という城下地主町の豪商で、度重なる献金で二百石の藩士となっていた。磐根家の財力で救済をはからせたわけである。たとえば、市野々・達古袋《たつこたい》両村（一関市）へ、天保四年は一〇三七俵の米・種籾を給付し、六年には年貢上納のため七一〇切（歩）の金を貸しつけている。磐根は貸付金の債権の半額を放棄している。

同七年(一八三六)には、磐根に命じて庄内米を買付けさせた。磐根は庄内の加茂浦《かものうら》（鶴岡市）の豪商秋野与四郎と米三千石の買付け契約を結び、九月から三月上旬までの荒海期を避けて、翌八年三月中旬に秋野の北前船六艘により加茂浦を出航させた。船は日本海を北上し、津軽海峡から太平洋を南下し石巻に入港した。石巻からは北上川舟運により米を廻漕し、六月には民間に出まわった。藩の命であるが、磐根の財力によることは明らかであろう。また、村々に役人を派遣して備蓄の雑穀を臨検し、村内の窮民へ分与した。

同八年(一八三七)には、藩の広小路籾蔵の米三〇〇俵を領内の窮民に給付することにした。とりあえず半分を給し、半分は追々給することにした。郡代が直接廻村してその旨を申し渡した。

なお、常套的手段で積極的な緊急対策とはいえないが、倹約・禁令を発して食糧の消費をおさえている。禁令には濁酒・麴・居酒屋商売、菓子・干菓子・餅菓子商売、納豆・大豆・もやし商売の禁止や他領者の立ち退きなどがあった。

原因

飢饉の原因は、直接的には冷害という気象条件であった。東北地方の北部太平洋側に特有の「やませ」という現象である。六〜八月にかけて、オホーツク海高気圧の張り出しにより、冷たい東風が吹きつけ濃霧が発生する。この偏東風をやませと呼んでいる。やませは低温で水蒸気を多く含み、発生すると濃霧で低温の日がつづき、日照時間が不足し冷害をひきおこす。天明三年(一七八三)の一関地方は、春中から雨が多く土用中も冷え、夜はふとん・綿入れを着、稲は実らなかった。六月二十九日の日暮れ時に雨に混じって灰が降り、土・石・草木が霜が降ったように白くなった。信州浅間山の噴火灰が降ったのである。情報が欠如していた当時の人々は、異常気象に重ね合わせて自然の脅威におののいた。

また、自然現象に加えて、政治・経済や社会の構造が飢饉という異常事態にまで至った大きな要因であるとされる。全国経済の中での最大の商品である米、なかでも冷害に弱い多収穫品種の晩稲を植えがちであった点があげられている。財政窮乏に悩む藩は、気象が気がかりでも、端境期に江戸や大坂の相場が良ければ年貢米・買上米を急いで売り払い借金返済にあてた。米商人も領内の米を買い集めて盛んに移出した。このように穀物不足のところに大凶作が襲えば、飢饉は避けられなかった。領主の責任も大であったが、大都市に従属的な食糧生産地と位置づけられたことが大悲劇を生んだとされている。抜本的な対策を打ち出せない体制的・社会的な制限・限界があった。

②寛政の百姓一揆

寛政九年（一七九七）、江刺・胆沢・磐井・栗原・登米といった仙台藩の北部諸郡で大一揆が勃発。一揆勢は城下にせまり、要求のほとんどが認められ沈静化した。指導者の逮捕・処刑と村民による顕彰。そして、藩役人による冷静な一揆分析があった。

原因

藩財政の窮迫、冷害・飢饉の頻発が深刻化してきた十八世紀末、仙台藩では寛政元年（一七八九）以降、「寛政新法」が施行され藩政改革が実施された。この中で、郡村支配役人の減員と郡村取り締まり強化の方針が布達された。この減員にともなう勤務強化を理由に手当金を支給することとしたが財源を村方に求めざるをえなくなり、減員は一年で中止となった。また、郡村取り締まり強化の方策として、肝入・検断に大肝入宅での月三度の寄合が義務付けられ、その経費の負担が村方に転嫁された。さらに、正租以外の上納物の未済分と藩の買上物代金や返済金を相殺廃棄することが検討されたが、上納物の未済分の帳消しは実現せず藩の支払金や返済金のみが滞った。買米《かいまい》制度★についても、百姓たちからの買上げ金の無利息前渡し制度が財政難から実施できず、江戸売却後の後払い方式に変更となった。

▼買米制度
年貢を納入して残った百姓の作徳米を強制的に藩が買い上げる制度。仙台藩の基本政策で一関藩も従って実施した。

さらに、買米割り当てにからむ役人の収賄や本金《もときん》★の着服などの不正がはびこった。これらが藩への不信感となり、米を搬出しないばかりか、一揆も辞さないという状況となった。このような寛政新法は支藩の一関藩へも達せられたが、買米制をめぐる抵抗を直接の契機として、寛政七年(一七九五)に原則的に廃棄された。

▼本金
買米資金。

一揆の行動

一揆の予兆として、一揆の震源地となった奥郡（磐井郡・胆沢郡・江刺郡・気仙郡・本吉郡北方の五郡）において「小松送り」という奇妙な行為が集団で行われた。松の小枝に角銭（仙台通宝）三文を通し、団子をもって送り神と称して、子どもが大勢取り騒いで、村境より隣村へ送り出すというものであった。当事、奥郡の郡奉行に小松左門という人物がおり、苛酷な民政を行った小松の更迭を願い、小松の枝を疫病神送りになぞらえて村外へと送った呪術であった。角銭（仙台通宝）も悪銭として百姓たちの排除・攻撃の対象となったものである。仙台通宝は、天明四年(一七八四)に領内限り通用の条件で石巻で鋳造した鉄銭であったが、粗悪品で経済混乱を招き四年間で廃止となった。

一揆は、寛政九年(一七九七)三月上旬の江刺郡（奥州市江刺区）東方一揆から始まった。次いで江刺郡西方一揆が起こり、胆沢郡徳岡村・中野村などに波及し

仙台通宝

た。四月に入って、磐井郡東山や流《ながれ》に飛び火した。仙台藩領東山南方一揆（長《おさ》部《べ》村・小島《おじま》村など一〇カ村）、東山北方一揆（上奥玉村・曾慶《そけい》村など一六カ村、三六〇〇人）、一関藩領東山一揆、一関藩領流一揆、登米郡・栗原郡一揆（四万人）などが頻発した。

　これら一揆の要求は、①諸償《つぐない》★の軽減、②買上物代金の支払い、諸借上金の返済、③買米高の軽減、④年貢先納免除、⑤夫食《ふじき》★貸与などであった。

　一関藩領内では、四月に東山一一カ村一四五〇人の一揆勢が、村印としてそれぞれ松・竹・杉の葉を巻きつけた棹や村の頭文字を書いた筵旗《むしろばた》をもち、動員した村肝入を先頭に立てて前進した。途中、参加を拒否した金田《かんだ》村（一関市千厩町）の肝入宅を打ちこわし、その晩は徳田村（藤沢町）大平野の山中に篝火《かがりび》を焚いて野宿した。翌日、薄衣《うすぎぬ》（一関市川崎町）に到着し舟留めとなっていたので河原に陣を張って交渉にあたった。役人側は郡代・代官・大肝入・各村肝入が出張し、足軽が川向こうに大勢詰めている中で、村ごとに話し合いが行われた。この交渉で一揆勢は二七項目の願書を提出し、本藩仙台藩権限に関わらない一関藩への要求をほぼ全面的に認めさせて帰村した。

　流一三カ村一揆は、同月、峠村（一関市花泉町）惣左衛門、富沢村（一関市弥栄）源蔵らを指導者とする一三〇〇人の一揆が一関を目指した。一揆は村印としての筵旗を掲げ、木貝《きがい》★を吹き立て、肝入・組頭を先頭に立てて前進した。金森村

▼償
村役人の事務経費や藩役人の廻村時の賄い経費などのために徴収された税の一種で、大肝入が郡内に割り付けた郡《こおり》償、村肝入が村内に割り付けた村償があった。

▼夫食
農民の食糧。

▼木貝
木製のほら貝。

（一関市花泉町）では参加を拒否した肝入宅を激しく打ちこわした。金沢《かざわ》村（一関市花泉町）の端郷《はごう》（枝村《えだむら》）飯倉村で藩から出張した一関藩郡代小林市太夫と吟味役平井波右衛門が願書を受け取った。願書は一八カ条からなり、先納石上納免除（不作につき上納困難）、御手伝金上納免除（高一貫文につき金一切）、御備籾上納免除（不作につき夫食なし）、借上金返済要求（二〇両につき一切の利息で三年間借上を命ぜられたが最初の一年は利息を下されたが後は元利とも返済なし）、御馬屋方葉大豆上納免除（買って納めた）、種籾・種大豆の拝借願（種大豆には二割の利息を付ける）、郡償・村償の減額要求、役人廻村時の賄い廃止（金一歩）などであった。

また、藩政改革の民政を吟味した役人を百姓側に引き渡してもらいたいという要求もあったという。吟味の役人は百姓の苦痛を知らぬので、三年間借りて百姓仕事を体験させたいというものであったという。郡代が拒否すると、一三〇〇人が一斉に声を上げたので役人たちは三〇間も思わず引き退き、気絶する百姓も出たという。さらに、角銭（仙台通宝）の廃止、買米の廃止が要求されたが、これは仙台本藩の政策であるから即答できないと受け答えた。

結果

これらに対する藩の回答は、役人の大幅減員、郡償・村償は代官が精密に吟味して異議ないもののみ承認印をもって徴収する、先納石は翌年から減額する、買米は吟味するなどで、要求のほとんどを認めさせたという。

一揆後、百姓の処罰も断行され、東山中奥玉村（一関市千厩町）の勘左衛門、流富沢村の源蔵、同峠村の惣左衛門の三名が打首、五名が追放や江ノ島流罪、四名が戸結《とゆ》★、一名が叱《しかり》となった。

また、これらの一揆にあたって、指導層の役割が強調される。大勢の百姓の統率・指揮の背景には、血判神文の誓いをかわし一味同心の強固な団結を結んでいた。

一揆のいわゆる出で立ちも注目される。参加者は身なりを揃えており、通常の姿とは異なる身なりで蜂起した。江刺郡や東山北方一揆では、ぼろをまとい乞食姿であった。これは、盛岡藩の一揆にも見られたという。乞食姿は生活の破綻を見る者に訴える戦術ともいわれる。

一揆への動員は、参加せざる者は打ちこわしあるいは苗代の踏み乱しなど、威嚇し参加を強制することで実現した。一揆側としてはこれを正当な行為と見なし、支配者側もこうした実態を把握しており事後処理に反映させている。つまり、一揆指導部にとっては覚悟の行動であり、一般参加百姓にとっては責任を免れる条件ともなった。

▼戸結
戸締《とじめ》のことで、門を貫《ぬき》で筋ちがいに釘打ちする。

一揆の間は日常社会とは異なった世界であり、支配者側と百姓の立場が一時的に逆転する。願書を仙台に届ける役人が百姓の面前で下馬させられ罵倒される。大肝入が腰をかがめ手を合わせてお通し下されと駆け回る。鎮撫にきた武士が下馬して小脇差のみで平伏し下手に要求を聞き、道に膝をつく者、涙を浮かべる者がある。

しかし、だいたいの一揆は願書を提出すると解散し沈静に向かった。一般に、百姓一揆は生活防衛の最終的手段であったので、願いの主要な点が容れられれば、とりあえず日常の世界へ戻ったのである。そして、首謀者の逮捕と処罰が待っている。仙北諸郡一揆では先の一関藩領の者以外では、伊手村（奥州市江刺区）の清三郎、中野村（奥州市水沢区）折居《おりい》の山伏正覚坊などが極刑打首となっている。処刑された者は手厚く葬られ、中野村折居の山伏正覚坊に対しては菩提塔（奥州市水沢区高根神社）が、峠村の惣左衛門に対しては首切り地蔵（一関市花泉町老松）が建てられた。首切り地蔵の名の由来は、一揆指導者の大罪人ゆえ首をつけることが許されなかったという伝説による。首は昭和四年（一九二九）に新しくつけられた。

首切り地蔵

藩役人の一揆観

寛政の一揆の際、藩は目付を主務にして一揆側の情報の収集に努めた。目付は廻村横目などが収集した情報を分析し、藩政の最高決定の場である会席（家老と御用人で構成）に提出した。これらを読むと、目付など中枢にいた藩役人が一揆に対してどのような認識をもっていたのかがわかる。その中の、伊藤権太夫以下六名の目付衆が連名で上申した意見書を紹介しよう。

伊藤らは、まず第一に、一揆の法制上の位置づけを明確にしている。一揆行動は誠にもって不届き千万で言語道断なことである。また、参加に同意しない者に対し理不尽なこと（屋敷の打ちこわしや田畑の荒らしなど）をしたことは、お上を恐れず、わがままで不法極まりない行動である。ゆえに、一揆の主立った者は厳重に取り調べ徹底して糾明するべきであると強く主張している。このような考え方は、当時の為政者には共通の思考であり取り立てて述べることでもない。行動自体の違法性により首謀者は厳罰に処すべしという支配の論理である。

しかし次に、百姓がなぜ一揆に走ったのかを分析している。諸民が困窮し生活が立ち行かぬために、やむを得ず一揆に訴えたという背景を考慮して藩は回答や対策を立てねばならないと述べている。まったく貧窮に陥った者たちであるからやむを得ず騒動を起こしたのである。だから、諸民が困窮を凌げるような、ご仁恵の政策がないと納得はしないだろう。また、今回きちんと解決しなければ今後の徴税が差し滞るようになるだろうとも述べている。よって、一揆の首謀者は厳しく取り調べるとしても、その他の百姓たちには藩がお恵みの政策を言明し、それが行き渡るようにしなければならない。また、百姓たちが言うことを聞かず、彼らを服従させることができない役人もいるという噂もあるとし、代官などの地《じ》方《かた》支配の役人の不適切な行政を指摘し、更迭の必要性も暗に示している。

　このように、一揆の背景や原因を分析し、百姓側への対応としての仁政の必要や役人の適正人事についても認識し、体制的にも根本的な解決の必要性をよく理解していた。藩は、背景や民政を考慮せず支配の論理のみで一揆をとらえていた、というわけではなかったのである。

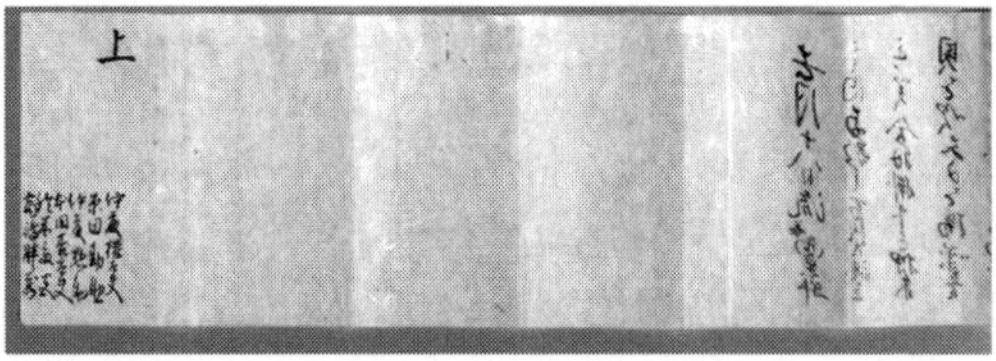

目付衆意見書

③ 財政崩壊と権力闘争

度重なる不作・飢饉。十九世紀初め、一五パーセントの百姓が家と田畑を失った。減収と幕府への公務負担は藩財政を崩壊させ、家中は慢性化した俸禄カットで疲弊。藩政の舵取りをめぐる権力闘争が激化。本藩仙台藩を巻きこんだ泥沼の争いの帰趨は。

村方の疲弊

十八世紀の後半に入ると、村方の荒廃・疲弊も目にみえて激しくなっていった。それは、沽却《こきゃく》百姓・地逃《じにげ》百姓の増加にあらわれている。宝暦飢饉から安永頃までの間に四千石が散田《さんでん》★となったという。天明飢饉を経て十九世紀に入ると、文化七年(一八一〇)の領内の沽却百姓は六四五人(人頭＝戸主数で)にのぼり、これは文化二年(一八〇五)の総人頭数四三九五人の約一五パーセントにあたった。家族を含めると三二〇〇人を超す人々が家と田畑を失ったことになる。たとえば、高峠村(一関市花泉町)の田畑の永代売りは、文化三年(一八〇六)に一二〇件、高にして一貫六三文(十石六斗三升)、翌四年には一一〇件、二貫三五三文(二十三石五斗三升)にのぼった。

▼散田
百姓が地逃や死亡、あるいは売却して耕作者のいなくなった田畑。

財政の破綻

前述のように、藩の石高三万石余に対し税の実収が平均一万二千三百石ほどであったが、幕末には、財政収支において、石納分・金納分ともに不足米・不足金が生じ、つまり赤字に転落していた。このように恒常的に厳しい財政のなかで飢饉が度重なり、さらに、勅使御馳走役や手伝普請などの幕府の公務が継続的に課されていった。幕府への奉仕に対しては本藩仙台藩からその都度三〇〇〇両ほどの援助があったが、慢性的な財政難に対しては江戸や大坂の蔵元商人からの借金によって乗りこえてきたというのが実態であった。

しかし、安永五年(一七七六)に至り、このような商人であった江戸の大和屋安之助は返済金がないために今後の仕送りを断ってきた。藩財政の困難は窮極に達した。

家中の困窮――加役と面扶持――

財政の破綻に対して藩はどのような対策を講じたのであろうか。支出のうちで最大のものは家中に対する俸禄であり、そして、江戸藩邸経費を含む幕府への公務としての江戸出費、借財の返済金である。これらは幕藩体制下においていずれも切ることができない性格のものであった。俸禄と江戸経費は封建的な君臣関係の根幹であり、借財は主財源である年貢米売却のための流通・市場システムを握っていた江戸や大坂の蔵元商人からのもので、彼らは毎年の年貢米を担保に貸付に応じていたのであった。

こうした状況のなかで藩がとった方法は加役《かやく》というものであった。加役は本来は正規の税・義務のほかに追加された臨時税・義務をさすが、ここでは家中俸禄の上納（カット）分のことをいう。加役の割合にも軽重があり、「六分の一加役」から「三ケ二加役」まで七段階あった。一番重い「三ケ二加役」の場合の計算は以下のようになる。高百石以上の場合、加役高は三分の二の六十六石余で、これを本給から差し引いた三十三石余が加役後の禄高となる。しかし、手取りは前述のように四〇パーセントであるから、十三石余が「三ケ二加役」時の手取り額となる。この加役率は一律ではなく、禄高の低い者ほど低率となっていた。「三ケ二加役」を例に取れば、百石以上を三分の二として順次下がっていき、最低基準の十三石五斗以上は一七分の一という具合である。微禄の者から三分の二のカットはできないということであった。勘定方には、こうした複雑な計算がともなう加役事務のために、「加役割」という加役の割合ごとに禄高階層による加役率・計算方法を明記したマニュアルがあった。これは、和算家の千葉胤秀によ

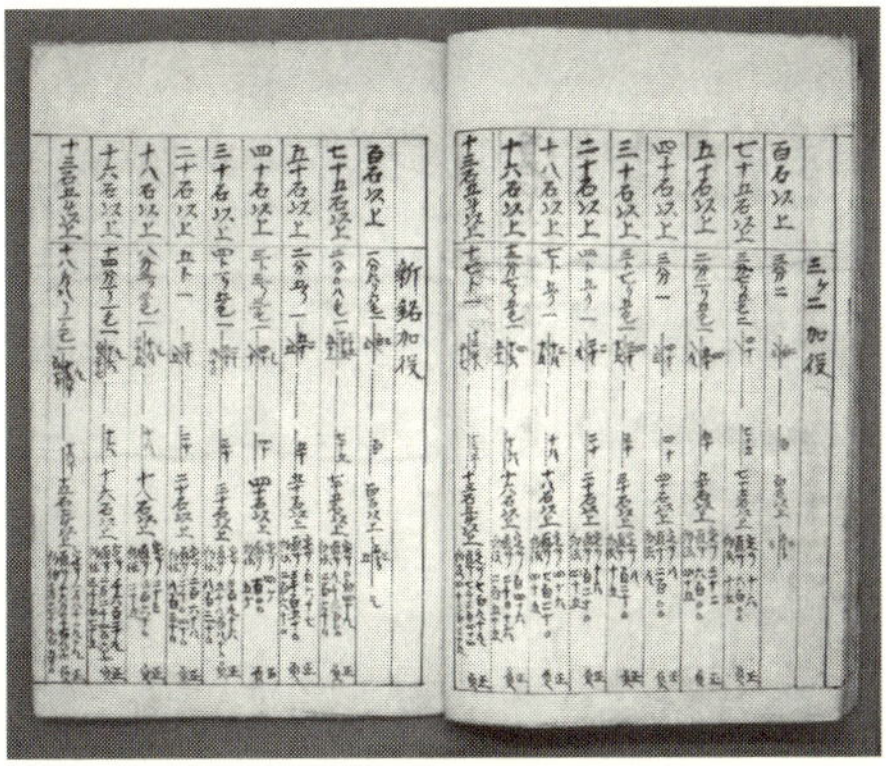

加役割

って計算方法が単純化され簡便化された。

また、飢饉時などには加役の適用も不可能となり、面扶持《つらぶち》というものが行われた。これは、禄高を一切無視して、重臣から平侍などに至るまで、一人あたまいくらというように一律に支給するものである。一関藩では天明の飢饉時に行われ、天保の飢饉時には早速導入され、さらに「一斗扶持」といって月玄米一斗ずつを家族数分だけ支給する（三人家族であれば三斗）ということもあった。一日ひとり三合ですべてをまかなうということになる。

一関藩においては、天和三年（一六八三）から安政元年（一八五四）までの一七一年間で、加役（面扶持含む）実施年は六九年あり七四回の加役・面扶持が課された。二・五年に一度は加役が課せられたことになる。そして、天保の飢饉以後は加役が常態化し維新に至った。

このように、長年常態化してしまった加役によって家中は疲弊し、文化年間（十九世紀初め）の頃には、江戸勤務への経費も負担できず、住居は荒れはて修繕もできないといった様子であった。飢饉年の天明四年（一七八四）には、足軽を統轄する物頭衆が連名で、配下足軽の生活破綻を訴え、御恵金の支給を藩に懇願するありさまであった。同じく飢饉年の天保四年（一八三三）には、藩に家中の内職世話係がおかれた。城下商人出身の磐根市郎兵衛が「網傘取捌方」を命ぜられ、漁網と唐傘づくりの内職と売りさばきの世話方をすることとなった。家老沼田家に

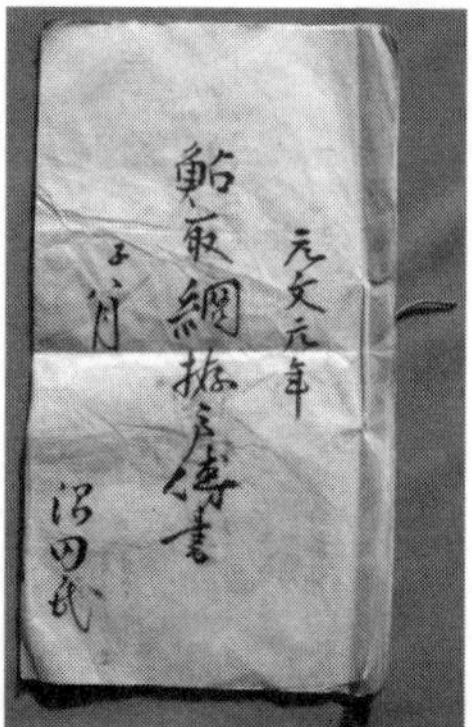

網製法書

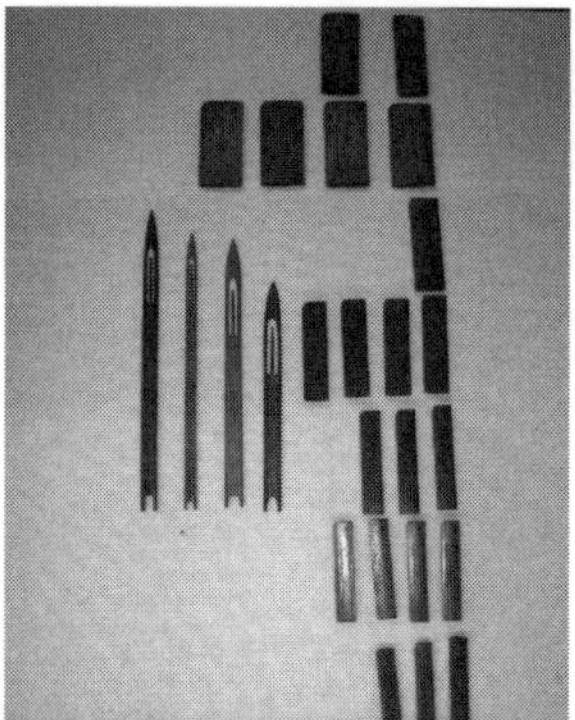

網拵道具

網の製法書と製作道具が残っている。

つづく権力闘争

財政の窮乏とともに、藩政の舵取りをめぐる争いも激しくなっていった。一関藩の場合、それは本藩仙台藩への出訴という形で表面化することが多かった。宝暦以降に頻発し、宝暦七年(一七五七)から寛政五年(一七九三)までの三十六年間で六回の直訴《じきそ》・越訴《おっそ》がつづいた。これらの終着点にあったものが文政元年(一八一八)の遠藤隼之丞ら十数名による仙台出訴であった。遠藤らは家老として藩政を主導していた佐瀬主計伯連の政策を批判し追い落としをはかった。

佐瀬は文化六年(一八〇九)に家老となり、「散田《さんでん》地持添《ちもちぞえ》★」・「肝入・代官の更迭」・「廻村役人への音物（贈り物）禁止」・「生活全般の倹約」を行い村方の更生を期した。さらに、蔵元を江戸の石橋弥兵衛から大坂の升屋平右衛門に替え、升屋より一万両を借り入れ財政の立て直しをはかった。これは、「仕法替《しほうがえ》」（財政改革）の実施を条件とした仙台藩の斡旋によった。一万両の使い道は、四八四〇両（四九パーセント）を家中の救済に、三八〇〇両（三八パーセント）を石橋弥兵衛などへの借財の返済に、六〇〇両（六パーセント）を村方の更生に、六八〇両（七パーセント）を藩主の甲冑製作にふりむけた。家中の救済は、常態化していた加

▼**散田地持添**
耕作者のいなくなった田畑に新たな耕作者をつける。

役を最低割合の「六分の一加役」にゆるめることで、その分不足する財源に四八四〇両をあてるという方法で行った。

　村方の更生は、破産や地逃により耕作者のいなくなった田畑に新たな耕作者をつける「郡村沽却《こきゃく》主付《ぬしづけ》」、間引きや堕胎を防止し人口減をくい止めるための「赤子生育」、荒廃した山林資源をよみがえらせるための「樹木植立」に使った。佐瀬はこのために領内全村の村絵図を新調した。仙台藩・一関藩には元禄の村絵図があり、村肝入は写しを作成して代々引き継ぎ文書として継承してきた。しかし、年数が経過して傷みも目立ち、何にしても必要な情報量が欠如していた。絵図には一軒一軒の家を屋号とともに描いた。余白には村の人頭《にんとう》（戸主）数・男女別人口を記した。田畑の別や御林（藩有林）の範囲を図示し、余白には田畑の地目別の高と御林の位置や広さを明記した。上油田《かみゆだ》村（一関市花泉町）在郷の藩士佐藤勇右衛門に、文化十三年(一八一六)は流、十四年は東山、十五年は西岩井と栗原郡の二カ村というふうに描かせ、各村肝入に写しを所持させた。まさに、「郡村沽却主付」「赤子生育」「樹木植立」を達成させるための基本資料を準備し、村方に責任を持たせようとしたものであった。

　民政支出と藩主の甲冑製作費がともに六〜七パーセントというのは、配分・額ともに時代を映してはいる。そして、文化十三年(一八一六)に「簡易省略令」によって「仕法替」（財政改革）を命じた。それは、役人の兼職、役料の見直し、

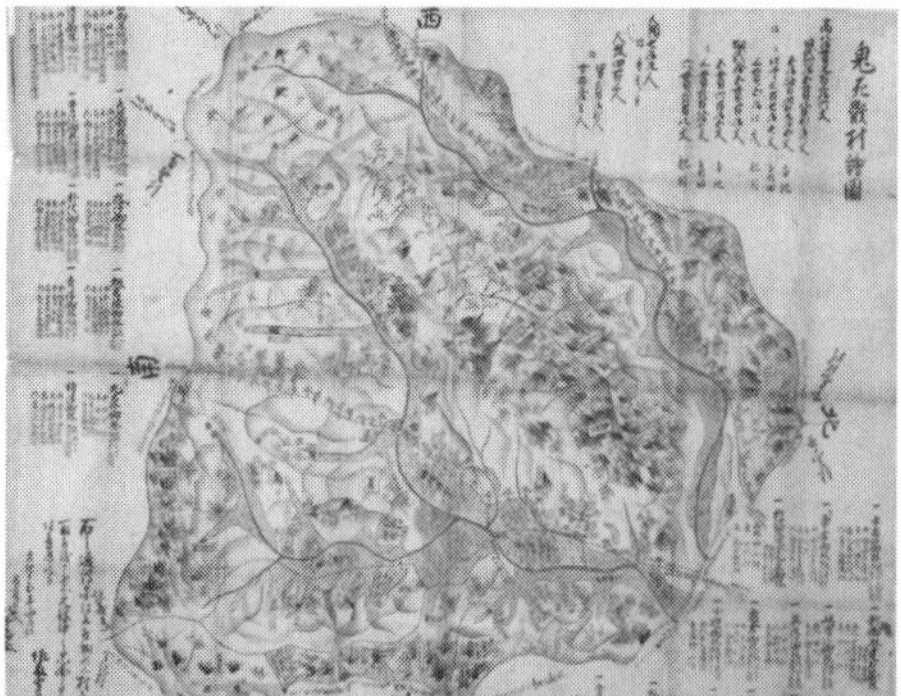
村絵図

藩や家中の使用人や馬の減、鷹の飼育の中止、役人の五ツ（午前八時頃）前出勤など二七項目の支出抑制・倹約策であった。

遠藤らは直接的には「簡易省略令」に対する反対を唱えて出訴に及んだ。裁定は、佐瀬の権威を嫉んだ遠藤側が理由もなくこじつけた一件とし、遠藤側の非を認めて、首謀者遠藤の家財闕所・屋敷召上げ、田代浜流罪、その他一統の改易・逼塞・蟄居・閉門・家督召放しを命じた。ただし、出訴を誘引した佐瀬自身の責も問い閉門を命じた。佐瀬は政治生命を絶たれて隠退する。ともあれ、文化十二年(一八一五)から大飢饉前年の天保三年(一八三二)までの十七年間の加役の記録は見あたらず、負債の返済の努力も継続され、備荒用として籾米一万五〇〇〇俵ほどを蓄えるに至ったという。

④ 改革への熱意

若き英主七代邦顕は、和算家千葉雄七胤秀を藩士に取り立てるなど、人材養成と教育立藩で未曾有の藩政の危機を乗り切ろうとするが早世。跡を継いだ実弟の八代邦行は、兄の遺志を継いで仕法替（財政改革）に取り組み、財政は好転へ。

人材養成と教育立藩

天保の飢饉は、立ち直りかけてきた財政を再び谷底につきおとした。この時の藩主は七代田村邦顕《くにあき》で、天保四年（一八三三）の大飢饉のときは弱冠十八歳であった。邦顕は父宗顕《むねあき》の死去により、文政十一年（一八二八）十三歳で家督を相続した。翌年勅使御馳走役を勤めるが、前髪の者がこの役を勤めたのは江戸開府以来例がなく、その立ち居振る舞い、応対ともに落ちついたすばらしいものであったと、勅使広橋胤定《ひろはしたねさだ》より感心され、「若木より色香《いろか》もことにさくら花、さかりはさぞとおもいこそやれ」との和歌を呈せられた。将来を嘱望された若き英主であった。

邦顕は飢饉のさなかの天保六年（一八三五）、家老衆に対し直書を発し人材の養成を厳命した。邦顕はいう。「これまで毎月、その方たちに修業中の家中の者たちの成果を見分《けんぶん》させてきたが、人材の抜擢がない。とどのつまりは、某《それがし》（私）の

田村邦顕書額

目がふしあなで博学多能の士がむなしく埋もれているのか、または監督不行届きか、文武に志す者がないのか。いずれにせよその方たちに文武の係を命じておいたが、大変困っていることであろうと深慮している。今後はその方たちと直接学問や武芸について考え、浮華《ふか》★を去り実用に充てる。その方たちの先頭に立って指揮をするので大小にかかわらず腹蔵《ふくぞう》★なく諫言《かんげん》★を頼む。たとえ微禄・小身の者であっても遠慮なく意見を聞かせてほしい。勧学出精★し、また武芸鍛錬をしている者は、修業について直接話を聞く。身分の高低にかかわらず不時に呼び出すので、この旨、諸生に申し聞かせておくように」。そして「学問がなければ天理（道理）に暗くなる。いろいろな事にあたり、何にでも適切な昔からの教えや答えがあるとは限らない。また、人間として進むべき道の選択や藩の岐路にのぞんでの決断もできない」とその必要性を説明する。「勧学出精」「武芸鍛錬」による人材の養成・登用が藩政改革の根幹であると認識していた。

また、邦顕は芸叢方《うんそう》★という藩士への図書貸し出し方を設け、自らその「掟《おきて》書《がき》」を起草していた。「掟書」は三カ条で以下のようにあった。

「三ヶ条芸叢方掟書」

一、拝借の御書物類、又か（貸）しは元より、惣《そうじ》て、そまつ（粗末）に取《とり》扱《あつかい》申《もうす》間敷事《まじきこと》

一、ゆび（指）をなめ候《そうろう》てあ（開）け、又ハ、見つけ候処《ところ》へをり（折）を

▼**浮華**
うわべだけのはなやかさ。

▼**腹蔵**
心の中に包み隠すこと。

▼**諫言**
いさめること。

▼**勧学出精**
学問にはげむ。

▼**芸叢方**
芸は書物を表わし、叢は集まるの意。芸叢は書斎あるいは図書室、方は部局のこと。

つけ候義《ぎ》致《いたす》間《ま》布《じく》候事
一、風入《かぜいれ》の節ハ訖度《きっと》納め可申《もうすべく》候事
右三ヶ条之《の》趣《おもむき》 相違ニおゐてハ、向後《こうご》拝借之義ハ勿論、訖度御吟味《ぎんみ》可有之《これあるべく》候
間《あいだ》、其《その》心得可有存念《ぞんねんあるべく》候事
月　日　　　　　　　　　　　　　　　　芸叢方

一、藩の芸叢方から借りた書物は、又貸しはいうに及ばず、すべて粗末に扱ってはいけない。
一、指をなめてページをめくったり、探求事項を見つけたところのページを折ってはいけない。
一、書物の虫干しの時は、必ず返納すること。
右の三ヶ条の趣旨に反した場合は、以後、書物の借用に関しては勿論のこと、厳しく取り調べるので、そのことを十分に認識して心に留めておくこと。

藩士教育に燃える若き藩主が、図書館的な部局を設け、年少の者にも理解できるように仮名交じりの文章で、又貸し・指なめ・ページ折り・返納などの基本的な書物の扱いを説く姿は、ほほえましくも頼もしいものであった。なお、「芸叢」ということばは、貞享四年(一六八七)に、初代藩主の建顕が居館に文庫を造り書斎を付設して「芸叢室」としたことに由来している。建顕は好んで「芸叢」を蔵書印に用いた。六代藩主宗顕が書斎のみを建て替えた。それは、五間（約九メートル）に三間（約五・四メートル）の一五坪（約四八・六平方メートル）ほどの書斎であったが、入口は四枚の折戸で、内部は切石を敷き、円座に座って小卓で読書するようになっていた。四方には丸や四角の小窓が設けられていた。邦顕は家中に藩の書物を貸し出すことにより教育の興隆をはかり、初代藩主建顕が目指した〝学問立藩〟の精神を受け継ぎ、〝教育立藩〟によって未曾有の藩政の危機を乗り切ろうという決心であった。

この若き藩主が家督相続してすぐ藩士に取り立てたのが和算家千葉雄七胤秀であった。しかし、若く気鋭で藩政の立て直しに熱意をもち、また大いに期待された邦顕は、天保十一年(一八四〇)二十五歳で急逝してしまった。うちつづく飢饉や藩政の困難による心労は、若さや熱意をも奪ってしまったのであろうか。

仕法替(財政改革)の試み

邦顕の跡を継ぎ八代藩主となったのは実弟の邦行《くにみち》であった。邦行は兄の遺志を継ぎ、嘉永五年(一八五二)仕法替《しほうがえ》(財政改革)を実施した。天保の飢饉以後、家中へ三ケ二加役や面扶持を命じても、税収は劣り、江戸では従来よりの借財がかさみ、その上毎年のような幕府への公務、さらに嘉永三年の上・中両屋敷の類焼

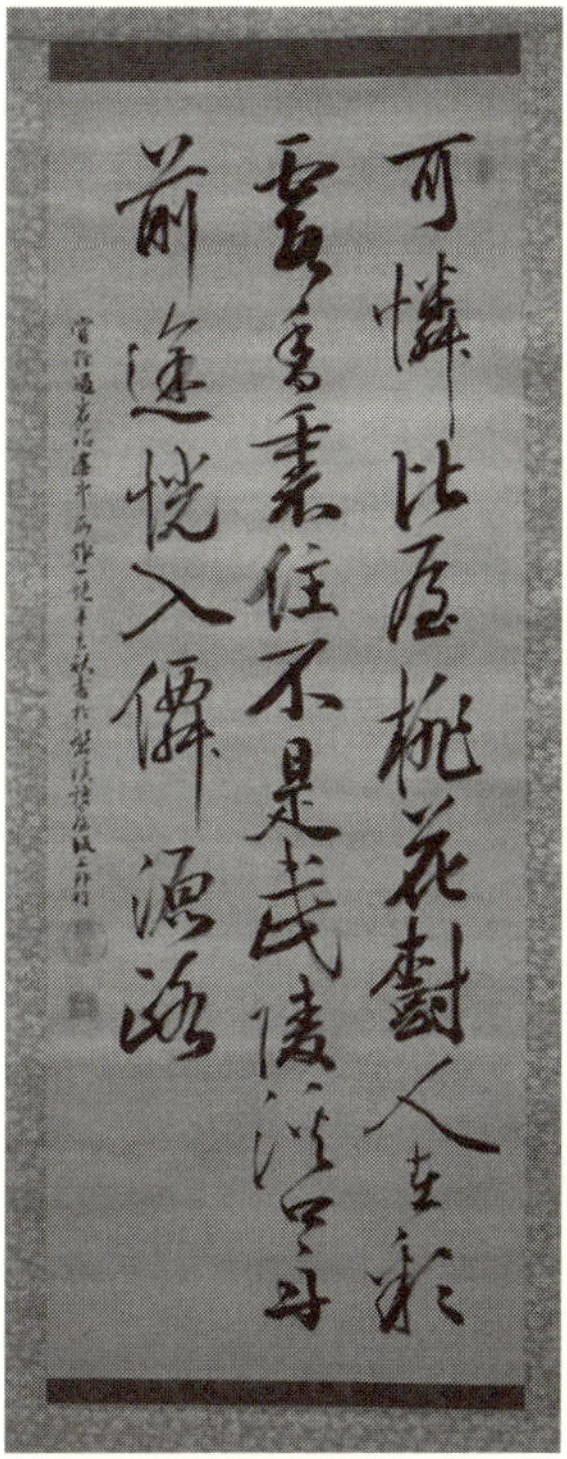

田村邦行書

によって、財政はまさに破綻状態であった。そこで、向こう五カ年厳しく取り締まりの法を立て、藩主自ら陣頭指揮をとって財政立て直しを断行するというものであった。

その骨子は、家中に対しては、「三ケ二」という重い加役を「半知★」にゆるめ、意欲の減退と村方への苛政がおきないようにする。しかし、収納の状況により「三ケ二加役」「面扶持」もありうることを覚悟して、仕法替の趣旨を理解し勤務にはげめということであった。そして、倹約、数役兼任・音物禁止の徹底を命じた。

村方に対しては、人頭の増加、民風の矯正、農作業の監督を徹底させた。廻村横目を年中派遣して、田畑不仕付け、不手入れを監視し収納確保につとめた。

町人に対しては、商業収入による生活華美やおごりをおさえ、祝儀・振舞・衣類（絹物禁止）・鼈甲《べっこう》・象牙《ぞうげ》櫛・膳椀・家財道具・音信贈答の簡素化を命じた。

改革の成果について邦行の伝記は、藩政の細部にわたって邦行自身が判断した結果、江戸は大変な節減となり二、三年で赤字がでなくなった、村方では借り上げ・手伝いなどの苛政がなくなり、税は法のとおり収納され、藩主自ら廻村して備荒倉を設けさせた、家中の俸禄は在勤・無勤を区別して厳格にし、残額がでれば籾米にして貯蔵したので、凶作時の家中扶助米二年分を蓄えるに至ったと伝えている。

▼半知
二分の一。

田村邦行印影「一関侯」

藩政の改革は財政をいかに持ちこたえるかという一点に集約された。その方策としては、対内的には倹約・支出抑制、対外的には蔵元からの資金の融資や本藩からの援助に限定された。収益を大幅に向上させるといった根本的な改革は、農業生産主体の産業構造に支えられた封建的な身分社会という制約下では、体制的に不可能であった。時は、明治維新まで十年余と迫っていた。

これも一関

お国自慢

ここにもいた一関人②

近代日本を彩る一関出身者たち

ボードレール『悪の華』の最初の全訳者 矢《や》野《の》文《ふみ》夫《お》（一九〇一〜一九九五）

矢野文夫は明治三十四年（一九〇一）神奈川県小田原町に生まれた。矢野家は旧一関藩士で、幼児期に一関に帰郷した。六歳の時一家で上京したが、十五歳の時再度帰郷し、一関中学校に転入した。早稲田大学文学部に入学するが、中退後、新聞社・出版社を転々とする。画家の長谷川利行、詩人の中原中也と深い親交を結び、詩集『鴉片の夜』を出版した。昭和九年（一九三四）、ボードレールの詩集『悪の華』の全訳をわが国で初めて刊行した。編集者・評論家として、戦前には『美術手帖』『月刊邦画』『美術及美術人』、戦後は、『芸術新聞』『色鳥』『美術情報』などを次々に刊行し、一貫して美術評論の世界で活躍した。また、鬼才画家長谷川利行の紹介者・評論者として著名であった。晩年は、矢野茫土の名で日本画を描き、詩人・評論家・画家として名をなした。

孔版画が国内外で高い評価を受ける 福《ふく》井《い》良《りょう》之《の》助《すけ》（一九二三〜一九八六）

福井良之助は大正十二年（一九二三）東京で生まれた。昭和十五年（一九四〇）、東京美術学校工芸科鋳金部に入学したが、入学前から関心が深かった油彩画の制作に打ちこんだ。十九年（一九四四）に、軍隊の召集をうけたが肺患で即日帰郷となり、九月に美術学校を繰り上げ卒業となって、母の郷里一関に疎開した。戦後の二十一年（一九四六）、一関で農作業のかたわら描いた油絵「みちのくの冬」は太平洋画会展で一等賞を受賞した。その後、一関中学校で教鞭をとるが、二十七年（一九五二）上京し、孔版画の制作を始めた。三十四年（一九五九）、「福井良之助新作版画展」を開き孔版画を発表した。以後、国内・欧米で高い評価を受けている人気作家である。

芭蕉も歩いた一関

大相撲で五回の優勝をはたした小兵横綱 横綱《よこづな》宮《みや》城《ぎ》山《やま》（一八九五〜一九四三）

大相撲の横綱宮城山は本名を佐藤福松といい、明治二十八年（一八九五）、一関の山目五代町に生まれた。十三歳で上京して床屋の弟子となったが、十六歳の時出羽の海部屋に入門した。大正二年（一九一三）、大阪相撲の高田川部屋に移って四股名を岩手山から宮城山に変え、十一年（一九二二）に大阪相撲の五代目横綱となった。昭和二年（一九二七）に大阪相撲協会と東京相撲協会が合併した。その際、連名相撲によって実力を判定され、大阪の力士の多くは番付を下げられたが、宮城山は実力も土俵態度も優れていたので東京でも横綱の地位に留まった。その年の初場所、東京国技館で最初の優勝を果たした。身長一七四センチメートル、体重一一三キログラムと小兵ながら、大阪三回、東京二回の優勝を飾った。一関山目の円満寺に墓がある。

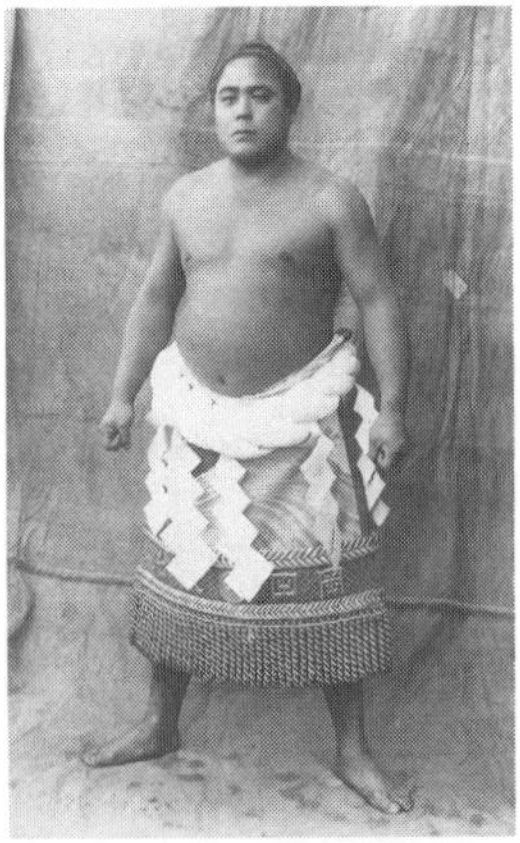

第五章 明治維新と一関藩

奥羽越列藩同盟の一員として、仙台藩・庄内藩と共に戦った。

① 戊辰戦争と一関藩

本藩仙台藩に従い奥羽越列藩同盟に加盟、秋田戦争に参戦した。
洋式軍装・洋式銃を装備し、秋田藩領仙北郡刈和野まで侵攻した。
奥羽越列藩同盟の盟主で本藩である仙台藩の降伏により秋田から退却、戦争に敗れる。

戦争前夜

慶応四年（一八六八）明治新政府は仙台藩に対して会津藩の征討を命じた。一関藩は仙台藩に従い、四月白石に出兵した。藩主田村邦栄《くによし》以下六小隊と大砲隊あわせて三七〇名と大砲二門が、一巴《ひとつどもえ》の軍旗を押し立てて進軍した。しかし、奥羽諸藩の指導的立場に立つ仙台藩と米沢藩は、会津藩の救済を画して奥羽諸藩家老連署の謝罪降伏嘆願書を提出した。新政府軍はこれを却下したが、会津と戦う気のなかった白石の仙台藩・一関藩は動かず、一関藩は白石より兵を引き帰国した。

この時、家老佐藤東馬、小性頭森文之助、家老物書黒江金平の三名が白石に残留した。新政府軍の会津藩征討に対する奥羽諸藩の対応を協議するためであった。そして、協議を重ねた五月三日、奥羽二五藩の重臣が白石に会して攻守同盟を結び、会津・庄内二藩赦免の建白書を諸藩の家老連署で太政官に提出した。ここに

奥羽列藩同盟が締結された。この盟約書の草稿を作成したのは、大槻玄沢の二男で、仙台藩校養賢堂の学頭を勤めた漢学者大槻磐渓《ばんけい》であった。後に長岡藩以下の北越六藩も加わり、奥羽越列藩同盟に拡大した。こうして、奥羽越諸藩は薩摩藩・長州藩を中心とする明治新政府と対立することとなった。

また、奥羽列藩同盟締結後の五月初旬、一関藩は仙台藩の命令で、太平洋岸の盛岡藩境である仙台藩領唐丹《とうに》（岩手県釜石市唐丹町）に出兵した。藩論に揺れのあった盛岡藩の動向に備えた行動で、三小隊一〇四人と人足一二八人が動員されたが、六月下旬に引き上げの命が下った。

七月に入り、藩校文武館（教成館《こうせいかん》に武道を加えて改組）を軍事局とし、戦時体制に入っていった。諸藩の使者が早駕籠《はやかご》でしきりに往来しはじめた。むかしは「飛べ、飛べ、飛べ」といっていた早駕籠かきのかけ声が、「ヨーイートー、ヨーイートー、ヨーイートー」という叫ぶ声になり、領民はどんな変事が起こるか生きた心地がしなかったという（「草稿関藩戊辰実記」）。

ハイカラな軍装

一関藩軍は全軍に統一の軍装を整備した。筒袖の上着とズボンの対の軍服上下に陣羽織、フロック風のマンテルを着用し、陣笠をかぶった。武器はエンフィー

一関藩戊辰戦争行軍図巻

ルド銃やスナイドル銃などの洋式輸入銃で革製の弾薬盒《ごう》や日本刀を肩から吊り下げた。陣羽織・陣笠・日本刀以外は西洋風で生地も呉呂《ごろ》（ゴロフクレン）・ペルペトアン・ラセイタなどの輸入毛織であった。両肩には合印《あいじるし》の肩章が白木綿で縫い付けられ、陣笠には一関藩主田村家の馬印の一巴紋《ひとつどもえ》が金蒔絵で入れられた。一関藩領有壁本陣の記録には、白石出兵時の軍装の目撃記録があり、「君公（一関藩主）赤地に一巴の御旗……惣勢今日は士中計《ばかり》三百人何れも筒袖だん袋にて御軍装殊の外立派なり……」と記されている。洋式銃については、白石へ元込《もとごめ》銃を一〇〇挺持っていったところ、仙台兵が今までみたことがないものだと驚嘆したという。また、藩士の手紙からは、鉢巻は「黒紺之類《のたぐい》」に統一したこと、「だん袋」（和式洋装ズボン）を「黒天竺《てんじく》木綿」でこしらえたこと、軍服の製作費は自費で二歩二朱かかったこと、市中が軍需インフレを起こしていたことなどがわかる。

「一巴」の軍旗・徽章

戊辰戦争で一関藩の軍旗・徽章《きしょう》に用いられた意匠は一巴紋であった。これは代々田村氏の馬印《うまじるし》としても用いられてきた。馬印とは、戦陣で武将の馬側に立て、主将の存在を表示したしるしである。主将が動くたびに、馬印持ちがささげ

一関藩兵の軍装

洋式銃

持って付き従った。意匠は、その武将の象徴となるものだけに、個性的なものが用いられた。豊臣秀吉の瓢簞《ひょうたん》、徳川家康の金の開き扇、井伊直孝の蠅取りなどが有名で、一目でそこにいるのが誰かということがわかるようになっていた。形は、標識となるしるしを長い棒の先端に付けたもので、後年の火消の纏《まとい》は馬印が原型と考えられている。

田村氏の馬印は、木製、朱および黒漆塗り。同じ意匠が背中合わせに三面につくられており、どの方向からみても識別できるようになっている。本来は一巴の下に赤地の長菱形の馬簾《ばれん》のようなものが三枚釣り下げられていた(「一関藩戊辰戦争行軍図巻」)。一巴という意匠は、田村家家紋のひとつである左三巴《ひだりみつどもえ》紋から採られ、しるしとして簡略化されたものである。この馬印は、白石出兵の際に藩主とともに出陣した。

秋田戦争では、軍旗の旗章や藩兵の陣笠・陣羽織・軍服の徽章に藩のしるしとして用いられた。

明治六年(一八七三)、藩校教成館(幕末に文武館と改称)の敷地に創立された一関小学校の校章(明治四十二年=一九〇九制定)は、好学の藩風を誇った一関藩の精神を受け継ぐべく、この一巴を中心に据えてまわりには蛍と雪の結晶を配し、蛍《けい》雪《せつ》の功★を積んで学業を成就せんとの願いをこめて作成された。

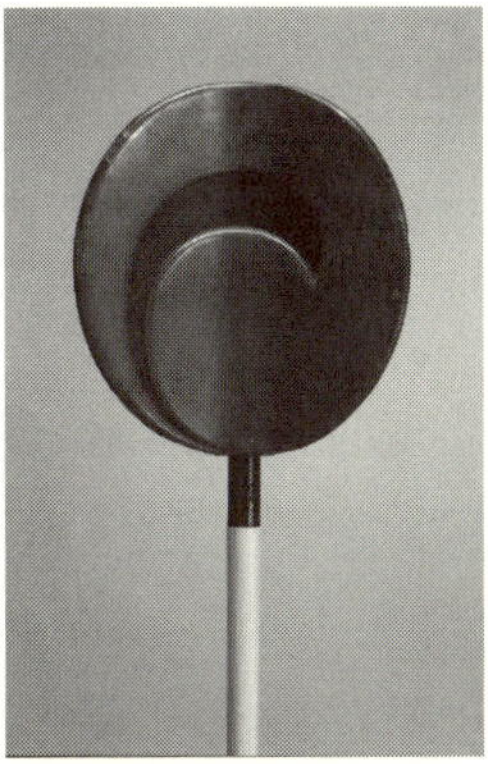

田村氏馬印

一関小学校校旗

▼**蛍雪の功**
夏は蛍の光で、冬は雪の明かりで読書し、苦労・努力して勉強した成果。

妻の戊辰戦争

諸役所目付八重柏小左衛門の息子半之丞は、慶応四年（一八六八）五月、太平洋岸の盛岡藩境にある仙台藩領唐丹《とうに》（岩手県釜石市唐丹町）に国境警備兵として派遣された。八重柏家は本俸三人扶持切米金一両二歩、役料が一人扶持切米金二両一歩、合わせても、玄米にして年俸十三石二斗の実支給しかない下級藩士であった。出兵前の諸々の出費に困っても、連日夜遅くの帰宅では金策も講じかねていた。出兵前々日に至り、万策尽きた妻のたへは、知人の有壁本陣主佐藤家に借財を依頼するため使いに手紙をもたせた。事情を説明し、五両の借用を願った。今年は内職の蚕のできが良く、生糸の売却代で以前の江戸勤務の際の借金とも返済できる、病弱の夫ゆえに金だけでも余計に持たせたいので何とか貸してもらいたい、八月までには裸になっても必ず返済するといった。また、親へは内緒にしてほしいともつけ加えた。五両は使いに渡され、たへのもとに届けられた（佐藤鐵太郎「一関藩家中内室の手紙」）。

秋田戦争

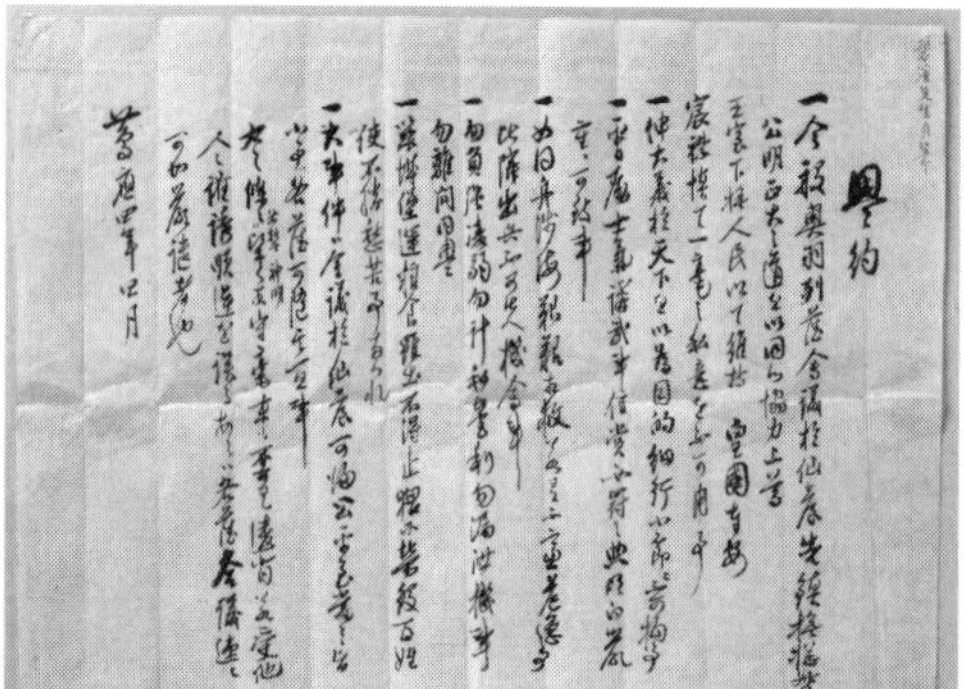

奥羽列藩同盟盟約書草稿

一関藩は、慶応四年（一八六八）、本藩の仙台藩に従って「奥羽越列藩同盟」に加盟し、明治新政府との戦争に参戦した。本格的な戦闘は八月からの「秋田戦争」であった。秋田藩は列藩同盟を脱退し新政府側に立ったため、秋田には、南から庄内（鶴岡）・仙台、東からは仙台・一関・盛岡の各藩が侵攻した。一関藩は奥羽山脈の藩境須川岳（栗駒山）をこえて秋田藩を攻撃した。

七月十七日（新暦九月三日）の明け方、秋田兵が須川岳をこえて進入したと告げる者があった。藩士の富田忠蔵と吉野勘之進の二名が命を受けて、馬で瑞山《みずやま》口（須川岳への一関側の登山口）に向かった。翌十八日富田が帰還して速やかに出兵すべきことを上申し、藩は甲一番隊と乙一番隊の二小隊を派遣した。八月二日、須川岳をこえて秋田藩へ侵攻すべしという内命が下った。甲一・甲二・甲三・乙一・乙二・乙三番隊と大砲隊・輜重隊が侵攻することに決定した。甲隊は侍（士）分の部隊、乙隊は足軽の部隊で、大砲隊・輜重隊を合わせて総勢二六五名であった。これには各村から徴発した百姓身分の従卒や軍夫は含まれていない。これらの人々の公式な従軍数はわかっていないが、一関藩領内全村から山立《やまだち》猟師一九四名と軍用見抜人《みぬきにん》★三六一人の合計五五五人の動員があったという報告がある。

八月五日（新暦九月二十日）の正午、須川岳に集結した、隊長嶺岸兵左衛門以下の一関藩軍は藩境をこえて秋田藩に侵攻した。須川温泉守の藤六郎を案内に進発したが、大砲・弾薬の山越えは難渋した。仙台藩領磐井郡西岩井大肝入の大槻

▼**軍用見抜人**
軍夫として選抜された者。

専左衛門が管下の人夫一〇〇名をつれて来ており、これらを含めた数百人の人夫を使役して、町奉行粟野匡の指揮で難所をこえた。

八月八日、稲庭（秋田県湯沢市）を出発して増田（秋田県横手市）へ向かった。すでに、仙台藩と庄内藩が侵攻しており、朝からしきりに砲声がとどろいていた。仙台藩兵とともに進み、増田の手前で最初の戦闘に遭遇した。藩士らは仙台藩の応援隊となるのを好まず、庄内藩との連合を主張し、以後庄内藩と進退をともにすることとなった。

八月十一日、甲一番隊菊池弁左衛門が右眉を射抜かれて戦死、最初の戦死者を出した。小原慶太郎が遺体を水中に隠した。

八月二十三日、大曲（秋田県大仙市）北方の神宮寺（秋田県大仙市）付近で苦戦。敵はラッパとともに攻撃して来、庄内藩に援軍を求めて応戦した。夜半丑の刻（午前一時～三時）に至って庄内藩の楽隊が来て全軍を励ました。敵兵は秋田に来援した薩摩藩軍であった。

九月十二日、明け方、庄内藩を中心に刈和野（秋田県大仙市）攻撃を開始した。甲一・甲二番隊が先鋒となり、銃撃は四時間にわたり刈和野を占領した。

九月十五日、一関から駅送により、衣類・食物・手紙などが入った行李が各隊に届いた。垢まみれの服を着替え、故郷の家族からの便りや味を楽しみ、戦勝を祝してくつろいでいたところ、午後、東方より砲撃があり大軍の敵兵が急襲してきた。たちまち修羅場と化し、この場で数十人の戦死者・負傷者を出した。劣勢で引き上げの命が下った。退路、司令士の平田藤右衛門は左胸を負傷して歩けず、雄物川べりで喉を突いて自刃した。また、川辺で追いつめられた土坑兵★が多数戦死した。

九月十六日[注]、黎明より山形藩の砲撃の援護を受けて、庄内藩・一関藩が刈和野奪還の総攻撃をかけた。未の刻（午後二時）すぎ刈和野を再占領した。負傷して縁の下に隠れていた者がはい出し、皆でよく無事であったと喜んだ。戦死者の遺体を収容し刈和野の本念寺に埋葬した。この日、一関から密使林貫蔵が到着し、奥羽越列藩同盟の盟主である米沢藩が降伏、仙台藩も降伏に傾いていることを告げた。隊長嶺岸兵左衛門は速やかに一関への引き上げを命じた。帰路は南下して、増田から手倉（秋田県雄勝郡東成瀬村）越えの山道をとおって奥羽山脈をこえて胆沢郡市野々（奥州市胆沢区）に出、前沢（奥州市前沢区）に宿泊して、九月二十二日（新暦十一月六日）申の刻（午後四時）、隊長以下隊列を整えて藩主に謁見した。

▼土坑兵
百姓身分の徴発工兵か。

注…仙台藩の降伏は九月十五日。十六日の未明にはまだ情報が伝わっていなかった。

軍紀ゆるまず

軍資金の名を借りて、秋田領民へ金の調達を命じていた藩士がいたことが明るみにでた。隊長は自刃を宣告し、その処置を松本卯三郎に命じた。松本はしばらくして逃げられたと報告した。厠《かわや》へ行かせたところ戻らず、自分が責任を負うと謝罪した。松本はその藩士と縁者であり、隊長は情をくみ不問に付した。

地元の豪農を脅し金品を強奪する者がいて、村役人から急使があった。小原慶太郎が銃士六名をつれて急行したところ、賊は蔵の中にいた。蔵を閉めて、賊が逃走したところを銃殺し、遺体を改めれば仙台兵であった。

戦場の村

戦場となった秋田の村々にも戦いをめぐる伝承が残されている。雄物川を泳いで渡り、川から上がり際に首を切られた兵士が多く、噴水のように噴き上がる血が遠目にも鮮やかだったという。同盟軍側が撃つ小銃弾はヒョーンヒョーンと鳴って飛んできたという。施条銃（ライフル）から放たれた、椎の実形で底のくぼんだミニエー弾である。暗がりで味方を誤殺してしまった例も目撃された。戦場の民衆も悲惨であった。敵味方双方から郷夫として持ち馬ともども徴発され、戦場で殺された者もあった。住民は、同盟軍の侵攻にそなえて家財道具・食糧を隠し、空堰などに戸板などで上部をふさいで避難した。同盟軍は民家を焼き払った。

洋式銃の弾丸

ある和算家の戦死

九月十五日、甲三番隊の銃士千葉量七は、占領した刈和野の陣中で、反撃してきた敵兵の弾丸にあたり戦死した。二十六歳であった。量七は一関和算の大家であった千葉雄七胤秀の四男善右衛門胤英《たねふさ》の長男で、気鋭の和算家であった。千葉家は和算道場を開き藩士教育を業としていた。一関藩では学問や武芸の成果を毎月一回家老が見分する制度があり、千葉道場では門下生の見分記録を「数学御覧見分留」として残していた。量七はわずか七歳で見分を受け、留書に自作の和算問題が掲載されたのであった。明治十五年(一八八二)に父が遺稿をまとめて『探索算法』という和算書を出版したほどの優秀な和算家で、将来を嘱望されていた若者であった。戦死した量七のふところには、肌身離さず持っていた、血に染まった和算書があった。

十五歳の少年兵高平小五郎

高平小五郎は、明治維新後外務省に入り、外務次官、駐米公使となり、明治三十八年(一九〇五)の日露戦争のポーツマス講和会議では全権委員として主席全権

高平小五郎

の小村寿太郎を補佐した。また、明治四十一年(一九〇八)の日露戦争後の太平洋方面や清国における日米の妥協をはかった高平・ルート協定の締結に尽力した外交官である。甲三番隊の銃士として十五歳で従軍し、九月十五日の刈和野の激戦で右上腕を負傷した。一関への退却で奥羽山脈をこえなければならず、途中の胆沢郡おろせ山中で力尽き倒れてしまった。そこへ一関藩の軍夫として徴発された富沢村（一関市弥栄）の佐々木良蔵と佐藤甚右衛門が通りかかり、良蔵が高平を背負い甚右衛門が荷物を持って、昼夜歩き通し苦心惨憺してかろうじて山をこえた。高平は九死に一生を得た。晩年に高平は「自分のような者に後世の人を指導する資格はない。しいてあるとすれば、戊辰戦争に従軍して事を忠実に実行したことぐらいであって、これは今日に至っても満足していることだ。その後のことは多くは志と違い、年少時に恥じること大である」と述べている。高平は刈和野で、親しかった及川盛《さかり》の死を看取った。及川は高平の近所に住み、藩校教成館の目付として学生であった高平の面倒をみてきた。高平は被弾した及川を小屋に引き入れたが蘇生はかなわなかった。形見の印籠は、高平とともに一関に戻り、遺族のもとに帰った(子孫の及川和男氏談)。

敗戦

一関藩では、前記の人数が従軍し、八四名が戦死、三三名が負傷した。戦死者の内訳は、各隊幹部と甲隊銃士の士分が二六名、乙隊銃士の足軽が七名、作事方・輜重方下役の職人（大工）が一名、各村動員の百姓身分の従卒・軍夫が五〇名であった。戦死者の多くが百姓身分の被徴発者であったことに、戦場における階級の現実をみる思いがする。そして、敗戦後、一関藩は藩主田村邦栄の隠居・謹慎、三千石の減封処分を受けた。本藩仙台藩に従ったということが寛大な処分につながった。

〝戦犯〟大槻磐渓の逮捕

大槻玄沢の二男の磐渓は、玄沢が仙台藩に移籍したことにより、仙台藩校養賢堂の学頭などを勤め、全国的に知られた儒学者として重きをなしていた。彼は佐幕論★や開国論★をとなえ幕府を支持する思想をもっていた。新政府からは奥羽越列藩同盟の思想的な中心とみられていた。実際に、同盟の盟約書や外交文書を執筆していた。磐渓は敗戦前の慶応四年（一八六八）八月に、戦後の追捕を予期していたのか、家族を連れて中里村（一関市蘭梅町）の本家大槻専左衛門の屋敷に移住していた。九月の敗戦後、本家で逮捕されて駕籠で仙台へ護送され親族の瀬脇拙蔵（大築玄梁）にお預けとなった。息子の如電《じょでん》・文彦はそれぞれ京都・横浜へ逃

▼佐幕論
倒幕や尊皇攘夷論に反対し幕府の存立を認め支持する考え。

▼開国論
鎖国をやめ諸外国と国交を結ぶ考え。

亡した。

翌明治二年（一八六九）四月、揚屋《あがりや》に入獄したが、ここで、同じく戦犯として捕らわれていた仙台藩の玉虫左太夫・若生文十郎ら七名が処刑された。処刑者は獄吏の「何の誰殿、お出ッきりでございい」という呼び声で処刑場へ赴く。同室の者と飯の余りで獄屋でつくった酒を酌み交わして出ていった。斬られる音が獄内に聞こえ、死への悪夢に悩まされた。磐渓も斬首者に入っていたが、高名な学者で老齢であるとして終身禁固となった。これは、新政府軍参謀であった肥前大村藩士渡辺清左衛門の処置であったという。そして、明治三年（一八七〇）正月元旦に、病気危篤という名目で仮出獄し再び親類預かりとなった。これは、磐渓門人で一関出身の牢獄医鈴木玄龍の取りはからいだったという。次いで、二月十八日自宅禁固の蟄居となり、謹慎に減刑の後、明治四年（一八七一）四月二十四日に謹慎御免となり釈放された。中里村の本家で逮捕されてから二年七カ月の囚人生活で、すでに七十歳になっていた。

大槻磐渓湿板写真

② 岩手県への編入

版籍奉還・廃藩置県、そして、侍は一律四二〇円余の金禄公債証書をもらってリストラされた。一関藩は一関県・水沢県・磐井県を経て、明治九年（一八七六）に岩手県に編入された。戦死者八四名の慰霊碑は明治十三年（一八八〇）、墓は二十二年の建立、負け組の明治だった。

版籍奉還・廃藩置県と秩禄処分

明治二年（一八六九）六月、前藩主の隠居にともない、最後の藩主となった田村崇顕《たかあき》は版籍を奉還した。崇顕はあらたに一関藩知事に任命され、明治政府下の一関藩政がスタートした。そして、同年の藩政改革で、士族一戸に現米一五俵（一俵四斗八升入りとすれば七石二斗）、庶族（足軽以下の家中）一戸に三人扶持（五石四斗）を支給することとし、家族多人数の者へは補禄を面扶持であたえることとした。

次いで、廃藩置県により、明治四年（一八七一）七月一関藩は管轄区域を変えないで一関県となったが、同年十二月には本吉・登米・栗原・玉造・気仙・東磐井・江刺・胆沢郡を加えた一関県となり、同年中には水沢県と改称した。増大した士族・卒族（足軽以下の家中）に俸禄を各戸ごとに計算支給することは煩雑なので、一律支給に変更したいという伺いを大蔵省は裁可した。その結果、翌五年から、士族一戸現米十石七斗五升、卒族一戸六石三斗七升に改め、五年から七年まで正米（市場取引米）で支給した。

明治八年(一八七五)九月の太政官布告によって、米で支給されていた俸禄は現金支給となった。その方法は、地方ごとの貢納石代相場の明治五年から七年の三カ年平均値、一石＝三円九厘四毛二朱によって換算した。士族一戸分は、現米十石七斗五升×三円九厘四毛二朱＝三二円三五銭一厘（毛以下切り捨て）となり、内、米六斗分一円八〇銭六厘を禄税として引き、差額三〇円五四銭五厘を支給した。卒族一戸分は、六石三斗七升×三円九厘四毛二朱＝一九円一七銭を禄税無料で全額支給した。これを、明治八、九年に支給した。

明治九年(一八七六)に至って秩禄処分が断行され、士族・卒族ゆえに支給されていた俸給はついに廃止された。そのかわり、金禄公債証書を発行して当面の生活への保障とした。証書の金額は、士族は四二〇円五六銭三厘、卒族は二六八円三八銭であった。算定には基準があり、俸給四〇円未満三〇円以上は十三年分の積算額、俸給二五円未満は十四年分の積算額とされたので、一関藩士族は前者、卒族は後者の額となった。ここにおいて、侍の身分上・経済上の特権は名実ともになくなった。

行政区画変更と士族の不満

明治二年（一八六九）の版籍奉還による新制一関藩は、四年（一八七一）の廃藩置県によって本吉・登米・栗原・玉造・気仙・東磐井・江刺・胆沢郡を加えた一関県となった。同年十二月に一関県は水沢県と改称、さらに八年（一八七五）には磐井県と改称した。この間、県庁も一関・寺池（宮城県登米市）・一関と転変した。そして、九年（一八七六）に岩手県に編入となり、以後現代に至った。

時代の変化により、身分上・経済上の特権を奪われた士族の生活は激変し、生きがいを喪失して前途に迷う者も現れた。

明治二十一年（一八八八）八月十二日、旧一関藩の刀工（刀鍛冶）久保田宗明《むねあき》が妻よしと長男良平に看取られて病没した。享年五十八歳であった。宗明はこの時期の刀工として名のうれた名工であった。三人扶持切米金一両の下級藩士の子であったが、藩命で江戸の固山宗次《こやまむねつぐ》に入門して免許を受けた。戊辰戦争で多くの藩士が宗明が打った刀を持参した。一関藩の軍歌に「一巴《ひとつどもえ》に触らば触れ、上方衆はなんじゃいな、トコトンヤレナ、宗明刀の切れ味みせてやる、トコトンヤレナトンヤレナ」という歌詞があり、宗明の名は有名であった。

世の中が変わり、明治四年（一八七一）の廃藩置県後には門弟たちは離散、九年

（一八七六）の帯刀禁止令（廃刀令）後は作刀注文がなくなり、火縄銃も時代に押されて作製需要が消滅、刀鍛冶・鉄炮鍛冶としての生命が絶たれた。宗明は激怒して刀を振り回し、長押《なげし》に突き刺してへし折ってしまうのである。その後、農具などを打って生計を立てたが、意欲を失い健康も害して廃業に追いこまれ、失意と不遇のうちに、脳溢血後の麻痺状態（中風）のなかで他界したのであった。法名は「活人剣宗明清信士」とあった。

負け組の明治（1）―明治十三年の「煙火興行」―

明治十三年（一八八〇）十月十八日（旧暦九月十五日）に、一関台町の祥雲寺境内で、八四名の戦死者の名を刻んだ「戦死旧一関藩士碑」（現在も現地にある）除幕式とそれに関わる祭典があった。慰霊祭は神祭で、平泉の宗徒を招き古楽を演奏し、二昼夜にわたって千刈田の田圃から数百発の花火が打ち上げられたといわれている。旧暦九月十五日は旧一関藩関係者にとっては戊辰秋田戦争の終戦記念日にあたる。明治元年（一八六八）のこの日に、本藩仙台藩は明治政府軍に降伏したのであった。秋田の刈和野で多くの戦死者を出した日でもあった。

ついで十月三十日、再び大規模な「煙火《はなび》興行」があった。これは、午前十時から午後十時まで、昼の部三五発、夜の部四〇発、合計七五発の大花火興行であっ

戦死旧一関藩士碑

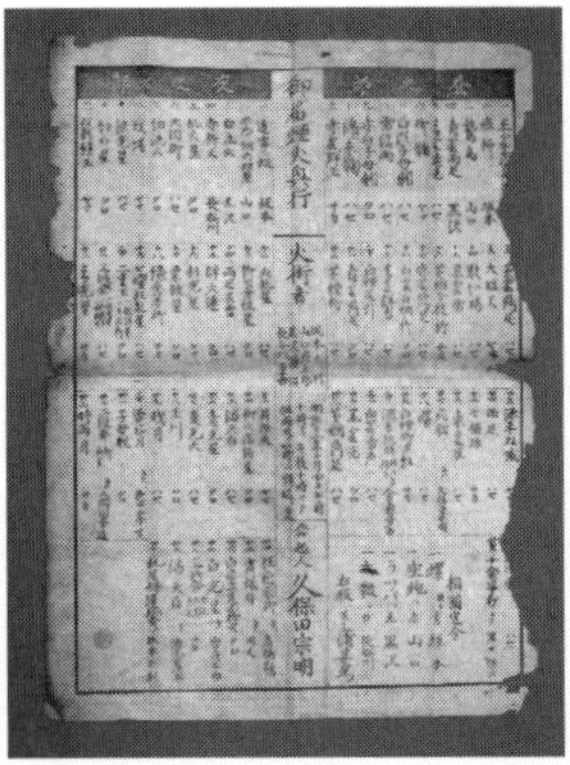
煙火興行番組

た。発起人の久保田宗明は旧一関藩士で刀鍛冶・鉄炮鍛冶としても著名な人物で、火術者の坂本正利・山口彦太郎・黒沢謙治・長谷川重喜も旧一関藩士でいずれも銃術・砲術家であった。花火の名称も、「雷後雨」「散紅梅」など風流なもの、「西郷桐の双星」という明治十年の西南戦争の英雄・西郷隆盛と桐野利秋の名をとった時世を反映するもの、「七曜狂乱星」「乱星条連響」など豪勢なもの、いずれも時代を感じさせる命名であった。

　これらの花火の打ち上げは、明治維新の秋田戦争の戦没者慰霊のためのものであった。明治政府が「賊軍」の戦死者の慰霊を赦すのに十三年もの月日を要したのであった。死者の供養と地域の復興を華麗な花火に託した人々の心情は、第二次世界大戦および終戦直後の大水害犠牲者の供養と地域の復興を、磐井川花火大会に託した大戦後の一関市民の心情に通じるものがある。戦後恒例の大花火大会は、明治十三年の「煙火興行」に淵源があったわけである。

　前記の「戦死旧一関藩士碑」と秋田の刈和野本念寺の「戦死旧一関藩士之墓」の建立について付記しておく。「戦死旧一関藩士碑」は旧藩士の渋谷直清（勘兵衛）・原田泰輔・三神時彰（左治馬）・谷口和親（兵太郎）・吉野勘之進・久保田宗明・片倉守堅（五郎）・宍戸明弘（大山登之助）・大沢嘉蔵・大友徳次郎が発起人となり、一千余名の義捐金七〇〇円をもって、土地と高さ一丈二尺（約三・六メートル）、幅五尺（約一・五メートル）の宮城県石巻産の井内石をもとめてつ

戦死旧一関藩士之墓

くった。題字は旧主田村邦栄の揮毫、撰文は幕府の儒官であった古賀茶渓、書は書家の巌谷修に依頼し、石工の高橋重次郎が刻した。

「戦死旧一関藩士之墓」は、明治二十二年(一八八九)九月、在東京の二橋元長(宇門)・原田啓(勝衛)・小原実(慶太郎)・小野寺志一(又次郎)、在仙台の山田揆一が発起人となり、一関の中沢種徳・吉野勘之進・森良樹(小六郎)・富永吉次郎が賛成主員となって義捐金を募り、高さ七尺(約二・一メートル)、幅三尺(約九〇センチメートル)の墓を、戦死者を埋葬した本念寺に建立した。正面に墓碑銘を、他面に徴兵した百姓身分の従卒・軍夫を含む全戦死者八四名の姓名を刻した。この時、同寺で大法会を行い、隊長であった故嶺岸英敏(兵左衛門)の嗣子英精が代拝者として赴いた。

負け組の明治(2)—明治十五年の「凧揚げ」—

明治十五年(一八八二)四月五日付『朝野新聞《ちょうや》』に、一関で流行していた凧揚《たこあ》げの模様が報道された。——田舎の凧揚げは、東京と違ってどこでも四、五月に盛んに行われる。陸中の一関は例年皆こぞって凧揚げをし、絵凧は「義経」「弁慶」「金時」など、文字凧は「鷲」「嵐」などが普通であった。ところが、今年はある家で「自由」の二字を書いて揚げたところ、他の人が「自在」の文字を書いてつづいた。それから、皆が「急進」「改進」「権利」「漸新」「保守」「官権」「民権」の文字凧を揚げ、従来の絵凧を揚げる者がいなくなった。そして、「急進」は「漸新」に、「民権」は「官権」にからみあい、それぞれ糸目には鎌という小さな刃物をつけ、党派に分かれて糸の切り合いに興じている。こうして毎日勝負を争ううちに、民権方の数が増し、切り飛ばして勝ったほうの歓呼がにぎやかで、壮年の者たちが夢中になっている——という内容であった。

このような凧揚げは、前年の明治十四年三月に仙台の台原《だいのはら》でも行われ、『東北新報』に「自由紙鳶《たこ》あげ」として図入りで紹介されていた。世は、国会開設・憲法制定・藩閥打倒などを叫ぶ自由民権運動が最高潮に達していたのであった。一関では、同十四年三月に、応求社という自由民権結社が結成されている。旧藩士の山口新之助・吉野勘之進・千葉六郎（和算家）などが中心で、藩政時代からの塩問屋塩屋の佐藤弥一郎などの商人も加わり、演説会のような政治活動や、殖産興業と士族授産を兼ねた機業を行った。

戊辰戦争、明治維新の負け組東北の人々は、青空に高々と翻る奔放な凧に、時代の閉塞感を突き破る一瞬の希望をみようとしたのかもしれない。

自由紙鳶あげ

維新以後の田村家

最後の藩主崇顕は廃藩後の明治四年(一八七一)に東京に移り、芝愛宕下の旧中屋敷に居住した。十二年(一八七九)に警視庁の御用掛となったが、十五年(一八八二)、二十五歳で隠退し先代藩主であった実兄の邦栄に再び家督を譲った。邦栄は戊辰戦争の責によりわずか十七歳で隠居させられていた。そのような兄に対する心遣いであった。こうして、再び十三代当主となった邦栄は海軍の工長を勤め、十七年(一八八四)に華族令の発布にともない子爵に列した。

二十年(一八八七)、邦栄が没し長男丕顕《ひろあき》が十四代当主となった。丕顕はアメリカ海軍兵学校を卒業し、大正天皇の皇太子時代の東宮武官、戦艦艦長を歴任し海軍少将で退役した。

大正二年(一九一三)には、一関と東京の東禅寺などにあった墓所を一関の菩提寺祥雲寺に合葬し、遠祖坂上田村麻呂の墓と伝えられる京都市山科区栗栖野の墓にならい墳丘墓に改葬した。丕顕はその後一関に還住し、十五代良顕《よしあき》を経て現当主十六代護顕《もりあき》に至っている。

田村家墓所

お国自慢
これぞ一関の物産

一関自慢の物産をちょっとだけ紹介

いわて蔵ビール

必要以上の農薬を使わずに造ったコクの深いビール

世嬉の一酒造（株）
TEL0191-21-1144

萩の鶴

昔ながらの手づくりにこだわった地酒

萩野酒造（株）
TEL0228-44-2214

秘春

フルーティーな香りと淡麗な味

岩手銘醸（株）
TEL0191-52-2150

蔵の夢

豊かな香りと米の旨みを活かした逸品

岩手銘醸（株）
TEL0191-52-2150

蔵

すっきりとして味わい深い酒

岩手銘醸（株）
TEL0191-52-2150

田村の梅

松栄堂
TEL0191-23-5008

ごますりだんご

松栄堂
TEL0191-23-5008

ずんだもち

松栄堂
TEL0191-23-5008

エピローグ

一関藩の伝統とその継承

一関藩初代藩主田村建顕は、内分分家支藩の最初の相続者として家を永続的に安堵存続させる使命を負った。そのために、本藩仙台藩の藩屏《はんぺい》として、本家に対する忠節・従属を本分とする政治的な立場を鮮明にしなければならなかった。一方で、内に対しては学問の大切さを説いてやまなかった。貞享五年（一六八八）、自ら家臣たちにあてた仮名交じりの手紙にはこうあった。

――我心《わがこころ》も安楽（満ちたりて心が平安なこと）に成《なり》て取行《とりおこな》ふ（物事を行う）事をならふ（習得する）が学問なり。今、人の身のうへにて学問をもせぬは、是《これ》より京へのぼらんとて支度《したく》までして出立《いでたち》て、道（途中）にてやめたるがごとくなるべし――

一四七年後の天保六年（一八三五）、七代藩主田村邦顕は飢饉のさなかの必死な藩政の舵取りの中で、家老たちに教育による人材の養成を厳命し、自ら陣頭指揮をとった。そのとき家老たちにこう説いた。

――諸生中より擢挙《てききょ》（抜擢して引き上げる）致候者《いたしそうろうもの》も無之《これなき》は、畢竟《ひっきょう》（結局）某《それがし》（私）が不明（物事を見抜く力がたりない）にて博学多能の士空《むな》しく埋《うも》れ居候《おりそうろう》か、又は吟味（監督）不行届か、文武に志候者無之《こころざしそうろうものこれなき》か――

建顕は近江国を父祖の地とする初代建部清庵を召し抱えた。以後、藩政期を通じて、清庵家の人々は、領民への医療活動、救荒植物の普及による飢饉からの救民活動、大槻玄沢らの蘭学者・蘭方医の育成などに尽くし、藩の名を歴史に刻んだ。

邦顕は、峠村の百姓雄七を侍に取り立てた。雄七は千葉胤秀となって領内に和算を普及させ、一大和算ワールドを築いた。和算は村の指導者たちを中心に熱心に学ばれ、荒廃した農村更生のための人材を養成した。

また、村方文書として旧家に伝来する民政に関わる多数の文書の存在は、藩によるきめ細かな行政をものがたっている。一方、地方《じかた》行政実務の遂行は、郡方《こおりかた》の指導のもと、百姓身分の大肝入・肝入によって担われ村請制が徹底された。その背景には、小藩ならではの支配と被支配との距離の近さがあった。

そして今、平成十七年（二〇〇五）九月に旧磐井郡（東・西磐井郡）の七市町村が合併して新一関市が誕生した。新市は、約一三万人の市域に、短期大学一校、国立工業高等専門学校一校、高等学校九校、中学校一九校、小学校四一校、看護学校一校、聾学校一校、あわせて七三校の学校を有している。新市の行政理念のひとつに「教育立市」がかかげられ、人材育成と生涯学習の推進がはかられている。まさに藩政時代からの良き伝統の継承により、地域のアイデンティティを追求し構築していこうとしている。

あとがき

地域史の充実には必要なことがふたつある。史料の発掘と地域の人々による研究の蓄積である。当地においては、第二次世界大戦後、岩手県南史談会や東磐史学会といった地域史研究会が創設されて、これらの役割を担ってきた。その成果は、会誌や各自治体史の刊行に十分に反映されてきた。これが今、過渡期にさしかかってきている。世代交代である。

一関藩領や仙台藩領の村肝入を勤めた家には大量の古文書が残っている。引継ぎ文書として代々伝存されたからである。これらを整理・保存して、史料として誰もが利用できるようにしていかなければならない。若い世代の人たちが進んで地域史研究に参加できる環境も整備していかなければならない。

身近なところでは、一関市博物館で市民による古文書整理ボランティアが活動している。博物館の古文書調査・整理活動に大きな力となっている。これからは、史料の発掘・保存が社会の役割として定着してほしいと願っている。研究者は確実に少なくなってきている。いつしか、地域の学校の先生が地域史研究の場からいなくなってしまった。社会も、原点にかえって、授業に直結する先生の研究活動を積極的に評価してほしい。そして、これらの窓口としての公立博物館の役割はますます重要となる。

さて、当地域の歴史は、前述のように自治体史を中心として成果が蓄積されてきた。なかでも、近世史は旧藩主家文書や地方《じかた》文書を活用してその中心であった。しかし、一関藩を中心とした当地域の江戸時代の歴史は、地元の人にとってもわかりづらい面があった。盛岡を中心とした岩手県政のなかで、県の最南端で旧仙台藩の領域と文化圏に属していること、さらに仙台藩の中に領地を分けられて分家独立した一関藩があることが、ちょっと複雑に思えるのである。大部で史料中心の詳細な記述は一般向けにはなじまない。一冊にまとまったコンパクトな概説書があればといつも思ってきた。現代書館の「シリーズ藩物語」は時宜を得た格好な企画であった。

本書では、一関藩の前史や成り立ちから、分家大名としての位置づけ、藩主や侍、百姓・町人といった庶民の姿を具体的に記述することに努めたが、意を尽くせなかったところが多い。ひとえに筆者の力が及ばなかったことが大であるが、当地域の歴史理解の一助となれば望外の喜びである。

小著の執筆にあたっては、多くの先人の業績を参考にしている。書物の性格上おひとりおひとり記名できなかったが、ご寛恕たまわりたい。そして、このような大変魅力的な企画をたずさえて執筆の声をかけてくださった、現代書館社長菊地泰博氏には心よりの感謝を申し上げたい。

参考文献

近世村落研究会編『仙台藩農政の研究』（日本学術振興会、一九五八年）
岩手県編『岩手県史』第四巻 近世篇一（杜陵印刷、一九六三年）
八巻一雄『磐井地方の近世文化』（北上書房、一九六九年）
一関市史編纂委員会編『一関市史』全七巻（一関市、一九七五～一九七八年）
岩手県教育委員会編『岩手近代教育史』第一巻（岩手県教育委員会、一九八一年）
渡辺信雄編『宮城の研究』第四巻（清文堂出版、一九八三年）
鈴木幸彦「一関藩の基礎的研究」（その一）『岩手県立博物館研究報告』第三号（岩手県立博物館、一九八五年）
藤井譲治編『日本の近世　第三巻　支配のしくみ』（中央公論社、一九九一年）
一関市博物館編『一関市博物館常設展示目録』（一関市博物館、一九九七年）
一関市博物館編『田村氏三万石の精華』（一関市博物館、一九九八年）
一関市博物館編『一関の算額』（一関市博物館、一九九八年）
一関市博物館編『一関市博物館研究報告』第一号～第九号（一関市博物館、一九九八年～二〇〇六年）
一関市博物館編『田村家文書を読む』（一関市博物館、一九九九年）
大島英介『槻弓の春―大槻玄沢の横顔―』（岩手日日新聞社、一九九九年）
菊池勇夫『飢饉』（集英社、二〇〇〇年）
一関市博物館編『はるかなるヨーロッパ―蘭学者　大槻玄沢の世界認識―』（一関市博物館、二〇〇〇年）
一関市博物館編『絵図でみる江戸時代の一関』（一関市博物館、二〇〇一年）
岩手日報社出版部編『いわて未来への遺産　近世・近代をたどる』（岩手日報社、二〇〇二年）
一関市博物館編『民間備荒録―江戸時代の飢饉と救荒書―』（一関市博物館、二〇〇二年）
伊藤玄三監修『一関郷村絵図』（岩手日日新聞社、二〇〇三年）
大島英介監修『図説 胆江・両磐の歴史』（郷土出版社、二〇〇四年）
一関市博物館編『古文書にみる江戸時代の庶民のくらし』（一関市博物館、二〇〇四年）
一関市博物館編『実録　伊達騒動』（一関市博物館、二〇〇六年）

協力者

阿部一平
阿部信弘
一関市博物館
一関市立一関小学校
岩手県立博物館
大槻清彦
久保田武朗
斎藤哲子
祥雲寺
菅原清彦
仙台市博物館
田村護顕
千葉敦子
長昌寺
沼田典芳
平泉文化史館
舞草駿
松岡昭
宮城県図書館
盛岡市中央公民館
早稲田大学図書館

大島晃一（おおしま・こういち）
一九五二年（昭和二十七）岩手県一関市生まれ。岩手県立一関第一高等学校卒業。
岩手県立高等学校教諭、岩手県立博物館学芸員、一関市博物館副館長を経て、現在岩手県文化財保護審議会委員。
著書に『岩手の古文書』『田村家文書を読む』『岩手県近代史覚書』など。

シリーズ藩物語 一関藩

二〇〇六年十月十五日 第一版第一刷発行
二〇一六年十月十五日 第一版第二刷発行

著者――大島晃一
発行所――株式会社 現代書館
東京都千代田区飯田橋三―二―五 郵便番号 102―0072
電話 03―3221―1321 FAX 03―3262―5906 振替 00120―3―83725
発行者――菊地泰博
組版――エディマン
装丁――中山銀士＋杉山健慈
印刷――平河工業社（本文）東光印刷所（カバー、表紙、見返し、帯）
製本――越後堂製本
編集協力――原島康晴
校正協力――岩田純子

 ISBN4-7684-7106-4

http://www/gendaishokan.co.jp/

江戸末期の各藩

松前、八戸、七戸、黒石、**弘前**、**盛岡**、**一関**、秋田、亀田、本荘、秋田新田、仙台、松山、**新庄**、**庄内**、天童、長瀞、**山形**、上山、**米沢**、米沢新田、相馬、福島、**二本松**、三春、**会津**、**守山**、棚倉、平、湯長谷、泉、**村上**、黒川、三日市、**新発田**、村松、三根山、与板、**長岡**、椎谷、**高田**、糸魚川、松岡、笠間、宍戸、**水戸**、下館、結城、**古河**、下妻、府中、土浦、麻生、谷田部、牛久、大田原、黒羽、烏山、喜連川、**宇都宮・高徳**、壬生、吹上、**足利**、佐野、関宿、高岡、佐倉、小見川、多古、一宮、生実、鶴牧、久留里、大多喜、請西、飯野、佐貫、勝山、館山、岩槻、忍、岡部、**川越**、沼田、前橋、伊勢崎、館林、高崎、吉井、小幡、安中、七日市、飯山、須坂、**松代**、**上田**、**小諸**、岩村田、田野口、**松本**、諏訪、**高遠**、飯田、金沢、荻野山中、小田原、**沼津**、小島、田中、掛川、**相良**、横須賀、浜松、富山、加賀、大聖寺、郡上、高富、苗木、岩村、加納、大垣、高須、今尾、犬山、挙母、岡崎、西大平、西尾、吉田、田原、大垣新田、尾張、**刈谷**、西端、長島、**桑名**、神戸、菰野、亀山、津、久居、鳥羽、宮川、彦根、大溝、山上、西大路、三上、膳所、水口、丸岡、勝山、大野、**福井**、鯖江、敦賀、小浜、淀、新宮、田辺、紀州、峯山、宮津、田辺、綾部、山家、園部、亀山、福知山、柳生、柳本、芝村、郡山、小泉、櫛羅、高取、高槻、麻田、丹南、狭山、岸和田、伯太、豊岡、出石、柏原、篠山、尼崎、三田、三草、明石、小野、姫路、林田、安志、龍野、山崎、三日月、赤穂、鳥取、若桜、鹿野、津山、勝山、新見、岡山、庭瀬、足守、岡田、岡山新田、浅尾、松山、鴨方、福山、広島、広島新田、高松、丸亀、多度津、西条、小松、今治、松山、**大洲・新谷**、**伊予吉田**、**宇和島**、徳島、**土佐**、土佐新田、**松江**、広瀬、母里、浜田、津和野、岩国、徳山、長州、長府、清末、小倉、小倉新田、**福岡**、**秋月**、**久留米**、柳河、三池、蓮池、唐津、**佐賀**、小城、鹿島、大村、島原、平戸、平戸新田、**中津**、杵築、日出、**府内**、臼杵、**佐伯**、森、**岡**、熊本、熊本新田、宇土、人吉、延岡、高鍋、佐土原、飫肥、薩摩、対馬、五島（各藩名は版籍奉還時を基準とし、藩主家名ではなく、地名で統一した）

★太字は既刊

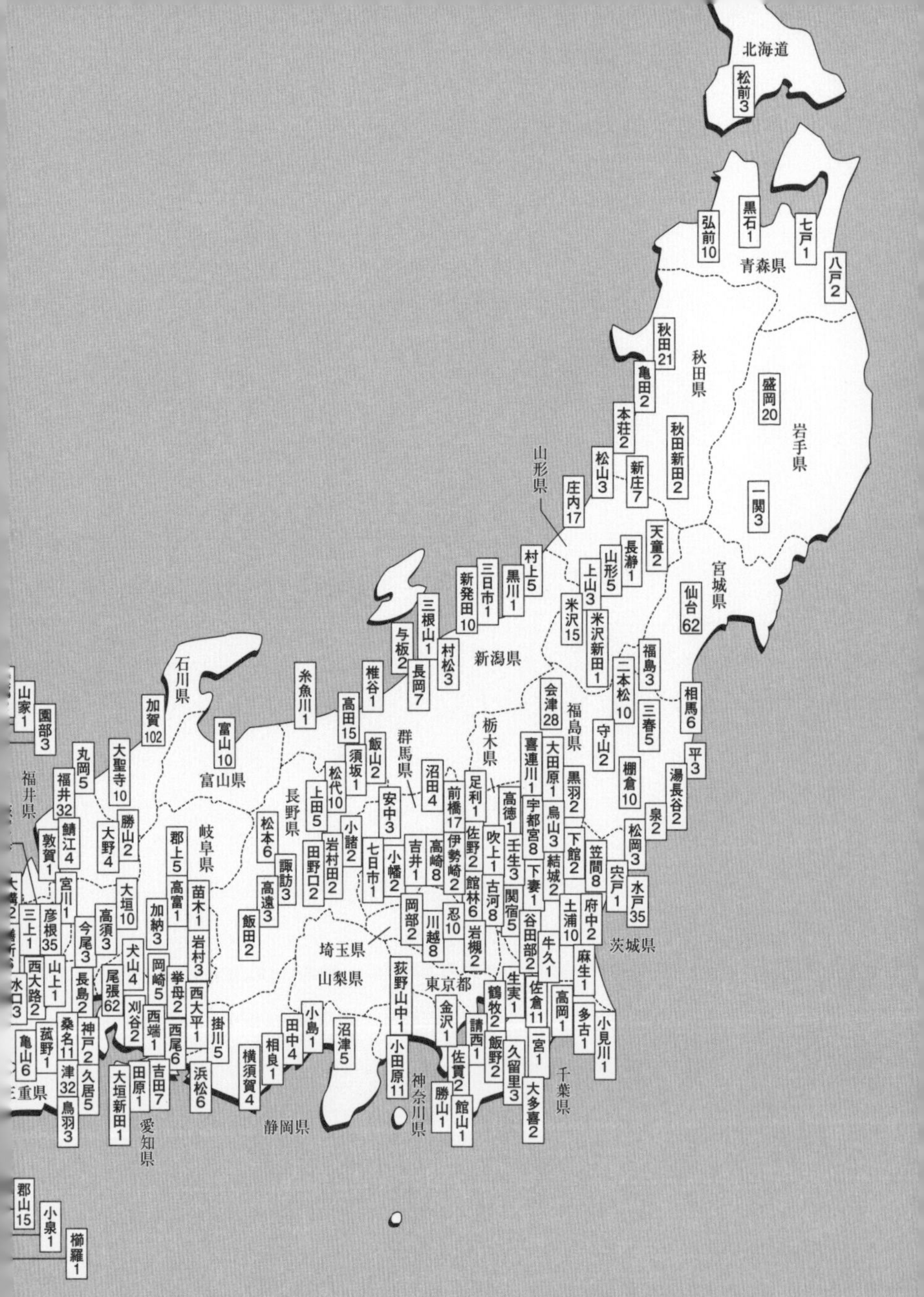

江戸末期の各藩
（数字は万石。万石以下は四捨五入）